VERSIONS D'UNE ŒUVRE LITTERAIRE

La publication de cette étude a été soutenue par le Ministère de la culture de la République de Serbie et *Vital* de Vrbas.

BRANKO POPOVIĆ

VERSIONS D'UNE ŒUVRE LITTERAIRE

TRADUIT DU SERBE
PAR VERA ROGLIĆ

L'AGE D'HOMME

Titre original : *Verzije književnog dela,*
Nolit, Beograd, 1975

A ma fille Lidija

PRÉFACE A L'ÉDITION EN LANGUE FRANÇAISE

Dans les années 1970 quelque chose en moi et dans l'environnement idéologique et esthétique me poussait à étudier du point de vue théorique la problématique des versions d'une œuvre littéraire. Qu'il me soit permis de dire – à la manière d'un poète – que ce n'est pas moi qui ai choisi le sujet, c'est plutôt le sujet qui m'a choisi.

Vers la fin des études du troisième cycle (1968) et après avoir procédé aux recherches nécessaires, j'ai écris un essai sur les versions de Mihailo Lalic, romancier serbe célèbre, qui avait remanié de fond en comble quelques uns de ses romans déjà publiés. J'avais l'impression que *le procédé créateur* était clairement « mis à nu » dans l'œuvre remaniée. Au travers des hésitations de l'écrivain on découvre la naissance d'un phénomène artistique. Deux possibilités (« concurrentielles »), possibilités d'une même situation narrative deviennent alors comparables du point de vue scientifique. Ainsi une occasion se présente de pouvoir penser de manière presque scientifique à un être artistique « insaisissable ».

Cette tendance à poursuivre – de la manière la plus exacte possible – des recherches sur *un procédé artistique* n'était chez nous à cette époque qu'une reprise des idées à la mode des formalistes russes et des structuralistes français. C'était « une fuite » volontaire du critique vers *la science* et *les structures intérieures* de l'œuvre pour échapper à la contrainte idéologique qui exigeait en premier lieu un examen « extérieur » et politisé de la création artistique et de sa fonction sociale.

Naturellement, le même ordre social était donné au préalable au créateur de l'œuvre artistique. Une telle influence de « l'esprit collectif » sur la création individuelle mettait en mouvement l'autocensure de l'artiste, ce qui l'incitait plus tard à remanier son œuvre. Certains écrivains « remaniaient » une œuvre déjà publiée pour satisfaire « la commande sociale », soit parce qu'ils avaient fait moins de concessions que l'on en attendait d'eux, soit parce qu'ils avaient été plus « serviles » que l'on ne l'exigeait (souvent au détriment des qualités artistiques de l'œuvre). Avec cette tendance corrective forcée se croisait en tant que stimulant un sentiment régulier et inévitable de l'écrivain, sentiment d'imperfection et d'inachèvement de sa propre création artistique. Dans un tel contexte social, les écrivains « produisaient » plus que de coutume de nouvelles versions de leurs œuvres, de sorte que les critiques avaient – ce qui est normal – plus souvent l'occasion de s'occuper du phénomène de versions d'une œuvre littéraire.

Cette expérience, acquise lors de l'étude des versions de Lalic, m'a encouragé à aborder les réflexions théoriques généralement fondées de ce phénomène littéraire bien que les recherches théoriques précédentes dans ce domaine ne fussent qu'insuffisantes et orientées dans la plupart des cas vers l'aspect stylistique du texte.

Depuis la publication de mon étude sur les versions (1975), la théorie littéraire (notamment en France) s'est occupée du *discours* et de *l'intertextualité*. Ce travail et la théorie des versions sont complémentaires. Les études sur l'intertextualité peuvent aussi être considérées comme la continuation et l'enrichissement des prémisses théoriques conçues lors de l'étude des versions. (Reinhard Ibler, slavisant allemand, considérait les version d'une œuvre littéraire, rédigées par l'auteur lui-même, comme une sorte d'auto-intertextualité /Magdeburg, 1995/).

D'autre part, l'art littéraire post-moderne – notamment celui de Jorge Luis Borges, de Umberto Eco ou de Milorad Pavic – utilise les textes des autres. Ces auteurs citent, paraphrasent, remanient, parodient. Ils manipulent ironiquement les textes des autres écrivains. « Cette nouvelle pratique d'écriture », ce jeu anarchique avec la pensée d'autrui n'est qu'une variation de cette pensée, donc sa *version,* plus ou moins éloignée. De tels textes (post-modernes) s'approchent de ce que l'on appelle dans cette étude – la forme limite de la version.

Y penser en termes d'*intertextualité,* en termes des versions ou d'une autre manière, n'est qu'une convention du discours théorique.

Belgrade, 1997. L'Auteur

I. PRÉFACE

Tout jugement théorique des versions d'une œuvre d'art littéraire touche directement ou indirectement aux problèmes complexes ayant trait à la naissance et à l'existence d'une œuvre d'art poétique.[1]

Aussi, paraît-il qu'une bonne théorie de la version d'une œuvre d'art littéraire suppose l'existence préalable d'une théorie authentique du processus poétique créateur ; d'une théorie acceptable portant sur les caractères structuraux (des genres) des œuvres poétiques et d'une théorie des procédés artistiques suivis dans l'exécution de leurs formes. Enfin, la théorie de la version d'une œuvre littéraire suppose l'existence d'une pensée théorique portant sur la compréhension, l'acceptation et la durée de la valeur d'une œuvre poétique. Autrement dit, une théorie plus complète et plus sûre de la version d'une œuvre littéraire n'est possible qu'après une étude théorique sérieuse des questions psychologiques, esthétiques et sociologiques ayant trait : au domaine du processus poétique créateur, à la structure de l'œuvre poétique, au procédé artistique adopté dans cette œuvre, ainsi qu'à la compréhension, l'acceptation et l'évaluation des créations poétiques.

Puisque un grand nombre de ces questions théoriques restent discutables et ouvertes, il est compréhensible qu'une théorie fondée et complète de la version d'une œuvre littéraire fasse encore défaut. Il existe cependant de nombreuses études de la théorie littéraire (études variées et différemment orientées), des versions de certaines œuvres littéraires. Autrement dit, il existe de nombreuses études comparatives des variantes de certains éléments structuraux et des travaux effectués dans le cadre des œuvres littéraires déterminées.

La problématique de la version apparaît donc dans l'histoire et la théorie littéraires presque exclusivement lors de l'étude de la pratique créatrice individuelle. Ce travail indiquera certains des points de départ théoriques possibles et établira certains faits pouvant contribuer à une étude théorique plus complète des version.

---

[1] La définition de la version est donnée à la page 24 de ce livre.

Comme toute autre étude intégrale de n'importe quel sujet poétique, l'examen plus complet de la nature des versions (d'une œuvre littéraire) devrait être conçu à partir de trois tâches : étudier l'histoire de la version, fonder la théorie de la version et trouver les méthodes les plus propices pour une bonne critique de la version.

C'est dans la pratique créatrice des poètes célèbres que l'histoire tirerait les matériaux comprenant l'expérience et les faits et assurerait la base indispensable à toute pensée théorique sérieuse portant sur les versions d'une œuvre littéraire.

En généralisant des connaissances tirées de la pratique créatrice, la théorie de la version dévoilerait les singularités suivantes d'un acte créateur refait : la nature, le sens et la portée de l'effet de l'acte artistique. Ainsi dévoilerait-elle, en même temps et avec plus de succès, la nature même de la poésie, à savoir que l'étude s'approche de l'essence même de l'art poétique, tout en suivant le conflit (dissimulé) entre deux tendances artistiques réalisées dans les versions – conflit pour obtenir l'avantage de la valeur artistique d'une tendance sur l'autre. Ainsi conçue, la théorie de la version de l'œuvre littéraire se transformerait de plus en plus en sa poétique. Conçue en tant que poétique de deux tendances artistiques (plus ou moins orientées dans le sens contraire), la théorie de la version tend surtout à donner du sens à l'essence de la poésie, elle opte pour son art, vu d'une perspective améliorée en présence de deux solutions créatrices dans les versions. Elle s'occuperait moins de la description et de la mise en ordre des variations possibles de la structure d'une œuvre poétique. Puisque la théorie de la version ainsi fondée montrerait sur le plan général comment découvrir le mieux dans les versions les constantes esthétiques, les critères artistiques clé, les singularités importantes du processus créateur, les caractéristiques principales du procédé artistique et les aspects fondamentaux de l'art créateur, il ne serait donc pas difficile d'imaginer les méthodes possibles d'une critique accommodée à l'examen, l'interprétation et l'évaluation des œuvres poétiques individuelles écrites en deux ou plusieurs versions.

Restant dans les cadres indiqués, ce travail définira tout d'abord, puis délimitera les notions théoriques fondamentales des versions, et essayera de déterminer la nature de ce phénomène littéraire. Ensuite, donnant en passant des informations sur les versions parues dans la pratique littéraire des créateurs célèbres et soulignant le caractère fragmentaire de la pensée théorique qui les suit, ce travail comprendra une ébauche de la typologie globale des versions, indiquera les facteurs fondamentaux assurant la naissance des versions, examinera les singularités du procédé créateur dans le remaniement d'une œuvre poétique, montrera les possibilités quantitatives de la transformation et décrira les relations mutuelles des versions. Enfin, ce travail parlera de l'importance de l'étude littéraire théorique de la version et exposera un plan de la détermination des méthodes adapté au caractère spécifique de la critique des versions.

II. DÉFINITION ET DÉTERMINATION DU PHÉNOMÈNE

1. TERMINOLOGIE DE LA PRATIQUE

Pour parler de manière plus claire et plus sûre de la pratique, de la théorie et de la critique des versions d'une œuvre littéraire, il faudrait tout d'abord mettre de l'ordre dans la terminologie de cette problématique. D'autant plus que chez nous tous les termes littéraires et théoriques d'ordre général ne sont pas suffisamment déterminés.

C'est à l'usage que font nos auteurs du terme *version*, qu'on peut juger comment ils comprennent cette notion. Car – autant que je sache – on n'a pas essayé de la définir sérieusement. Il n'existe pas un terme commun pour ce qu'on appelle ici *version d'une œuvre littéraire.* Des questions semblables ayant été traitées le plus souvent lors de l'étude de la littérature populaire (orale) et de la littérature ancienne, il est compréhensible que les termes les plus rapprochés, à savoir variante et rédaction, soient mentionnés le plus souvent comme synonymes.

Dans quelques uns de nos dictionnaires on peut trouver la définition de mots tels que version, variante, rédaction, révision, compte-rendu critique et autres.[2] Cependant, ces dictionnaires se réfèrent aussi à la critique littéraire des écrivains renommées, et partant des exemples tirés de leurs œuvres, ils définissent la signification des termes. Ils le font plus rarement à partir d'une terminologie théorique et littéraire établie de manière professionnelle. Il serait mieux de partir ici de la position de nos critiques littéraires, des analyses critiques des versions des œuvres de nos poètes.

Le professeur Vido Latkovic, parlant dans ses travaux des remaniements de romans et de nouvelles effectués par Matavulj, donne le nom de rédaction à ces

---

[2] Le Dictionnaire littéraire et populaire en langue serbo-croate de l'Académie serbe des sciences et des arts (volume II, p. 405 pour la variante et page 527 pour la version) donne la définition suivante du mot *variante*: « Texte (poème ou autre œuvre littéraire) qui diffère quelque peu de celui connu auparavant » ; ensuite il donne quatre significations du mot *version*: « 1.Présentation d'un événement dont le contenu est semblable à un autre, mais ils diffèrent en détails, variante… 2. Récit dont l'authenticité n'est pas certaine, hypothèse, rumeurs… 3. Nouvelle manière de représenter une pièce de théâtre… 4. Traduction d'une langue en une autre ».
Le Dictionnaire de langue serbo-croate de Matica srpska (volume I, p. 354) ne mentionne pas la troisième signification du Dictionnaire de l'Académie (celle se rapportant au théâtre), mais donne des définitions semblables aux trios autres.
Les définitions données dans les deux dictionnaires sont suivies d'exemples.

œuvres remaniées : « La rédaction définitive de Bakonja fra-Brne (homme riche frère Bernard) (1892) ne diffère en substance qu'à partir de la seconde moitié et surtout vers la fin de la variante « Comment Pjevalica guérit fra-Brne », publié en 1888 à Strazilovo ».[3]

Durant tout son travail intitulé « Comment Matavulj a écrit Bakonja fra-Brne »,[4] Latkovic utilise dans un esprit de succession le terme *rédaction.* A une seule exception près, nous trouvons le terme *variante* utilisé comme synonyme. Cette partie du texte est justement citée. S'il avait donné ici le nom « première rédaction » à la version précédemment publiée du roman, comme il l'avait toujours fait dans son travail, on aurait pu se méprendre – vu les titres différants des versions du roman – et penser que la première version aussi avait eu deux « rédactions ». En outre, la première version de Bakonja n'étant pas entièrement terminée,[5] il était raisonnable de chercher un autre terme pour la notion (version non terminée) qui serait un tant soit peu différent pour marquer une si grande différence entre les versions.

Deux travaux de Bogdan Popovic traitant des termes en question sont également intéressants. Un de ces travaux porte sur la littérature orale (« Les « derniers vers » de la chanson *Banovic Strahinja* ») et le second sur la littérature écrite (« Une analyse critique »).[6]. Il est naturel que Bogdan Popovic trouve des noms différents pour deux choses spécifiques – clairement différenciées – du même phénomène littéraire. Ainsi dans le premier cas il parle des variantes de la chanson populaire, et dans le second des versions d'un chant de Ducic. Une seule fois dans chacun des travaux on rencontre un terme qui ne correspond pas. Nous citons les textes où les deux termes sont employés non loin l'un de l'autre :

(1) « Les chanteurs populaires professionnels sont des poètes uniques (...) ; et leurs variantes constituent des produits originaux et indépendants les uns des autres au même point que les produits – œuvres littéraires – des poètes lorsque ces derniers développent *le même sujet donné.* C'est pourquoi les *variantes* sont souvent si différentes les unes des autres. (...) Dans de telles circonstances quiconque voudrait prendre certaines *variantes* pour confirmer ou contester d'autres interprétations n'obtiendrait que des résultats peu crédibles et de plus infiniment divergents. Il existe une seule exception : si un chanteur est sans aucun doute meilleur (c'est-à-dire s'il exprime plus clairement ce qui n'est pas clair chez un autre), sa *version* peut être prise pour confirmer certaines questions, mais ce avec une grande précaution. Mais dans le cas où les

---

[3] Dr. Vido Latkovic, *Articles sur la littérature,* Narodna knjiga, Cetinje, 1953, p. 155.

[4] *Ibid.*, p. 151.

[5] *Ibid.*, p. 152.

[6] Bogdan Popovic, *Essais,* Prosveta, Beograd, 1959, pp. 190 ; 494.

conceptions sont divergentes voire contraires, il est exclu de se référer aux variantes. »[7]

(2) « Parmi les choses qui dans ma préface de l'Anthologie de la nouvelle poésie lyrique serbe n'ont pu être prouvées, on trouve ceci. Parlant des *variantes* de certains poèmes, j'ai dit : « Dans les cas où il y avait plusieurs *versions* d'un même poème, le rédacteur choisissait celle qui lui paraissant la plus belle. C'était très souvent la première… »[8]

Le fait que Bogdan Popovic n'attribue pas exclusivement le terme *variante* à la littérature orale et le terme *version* à la littérature écrite (et ce malgré la prédominance de cette répartition dans ses textes), prouve qu'une telle différenciation des termes est difficilement acceptable. Tout ce que nous pourrons dire c'est que ce que l'on doit appeler *variante* apparaît plus souvent dans la littérature orale. En ce sens les variations sont plutôt quantitatives. Elles représentent le degré de modification de différents éléments d'une création poétique. Elles constituent le plus grand degré de diversité possible entre des créations poétiques dont certaines unités structurales restent très proches. Cette variabilité peut être comprise comme une possibilité de voir les éléments différemment modifiés d'une même structure apparaître dans un grand nombre d'autres créations ; et enfin comme une possibilité de voir les modifications dans le cadre de chaque création (créations – variantes) s'étendre à un grand nombre de ses éléments structuraux qui entrent alors dans une multitude de combinaisons. Dans la littérature orale on peut s'attendre à une plus grande diversité dans le remaniement de certains contenus poétiques ; surtout si l'on tient compte de la multitude de cocréateurs, de leur grande liberté poétique et de la distance et du temps (considérables) qui les séparent les uns des autres.

Il ressort du premier texte cité de Bogdan Popovic qu'on ne peut comparer que des variantes très proches du point de vue du contenu : celles dans lesquelles – a-t-il dit – les idées ne sont pas « dissonantes ou peut-être même contraires ». Il s'agit de variantes dont les différences sont insignifiantes : certains détails, une expression plus limpide ou plus réussie de ce qui est dit sans qu'il y ait variation de sens. Il semble que Bogdan Popovic nomme *version* les variantes ayant un tel degré de similitude, ce qui voudrait dire que la variante représente une notion générale et la version une notion plus étroite du même phénomène. La deuxième citation de Popovic se rapporte à l'art poétique écrit. Les groupes de versions y sont appelées variantes. Le mot *variante* employé au pluriel constitue le nom général pour les versions de différents poèmes et les versions de poètes différents. Dans son travail « Une analyse critique », lorsqu'il s'occupe d'un seul poème et de son remaniement, Bogdan Popovic se sert

---

[7] *Ibid.*, pp. 507-508. (« Les « derniers vers » du poème *Banovic Strahinja* ».) – (Souligné par Branko Popovic.)

[8] *Ibid.*, p. 190 (« Une analyse critique »).– (Les mots *variante* et *version* sont soulignés par Br.P.)

constamment du terme *version.* Si j'interprète bien l'usage de ces termes, on peut encore supposer que la variante représente pour Bogdan Popovic une notion plus générale qui englobe de par son étendue la notion de version.

Ivo Franges rapproche ces termes avec moins de conséquence, dans des relations plus complexes, dans l'analyse des poèmes. Dans l'essai « Signification des variantes » portant sur le poème *Notturno* de Vidric, il parle des *versions* dès la première phrase : « Le poème Notturno de Vidric est arrivé jusqu'à nous en trois versions... »[9] Cette dissonance de terminologie peut être fictive. Le titre souligne peut-être l'importance que peuvent avoir pour une interprétation critique les parties communes remaniées, les détails, et non les impressions globales de remaniement et les divergences d'ensemble des trois formes sous lesquelles apparaît le poème remanié.[10] Ainsi compris le mot *variante* traduirait une modification qui porte sur le détail d'un poème et le mot *version* traduirait le même phénomène au niveau du poème.[11]. La dissonance de terminologie entre le titre et le texte peut être justifiée par le désir de l'auteur d'être précis, par son effort à délimiter les domaines d'application de chacun des termes. Cependant, dans l'emploi ultérieur de ces termes Franges respectera rarement cette terminologie précise. Les termes seront employés comme synonymes. Nous pouvons le constater dans les exemples suivants : « ...La première version du poème Notturno (...) de Vidric est si différente des deux autres que nous sommes obligés de la considérer comme une variante à part... »[12] Comme dans la première citation de Bogdan Popovic, les variantes très proches sont appelées ici versions ; on appellera donc *variante* la version la plus divergente.

Un peu plus loin il appellera cette première version tantôt version tantôt variante :

« Nous remarquons que six[13] vers sont présents dans les trois versions ».[14]

« Le troisième groupe ne se présente que dans la première et la deuxième variante ».[15] Il utilisera tantôt le premier terme, tantôt le second pour désigner la troisième version, version « définitive » : « Ne voit-il pas lui-même, (...) que la variante Notturno est « définitive » (...) Justement au nom de cette

---

[9] Ivo Franges, *Etudes et essais,* Naprijed, Zagreb, 1967, p. 291.

[10] Cet essai a déjà été publié sous le titre *L'importance des variantes,* Florence, 1962 ; voir la remarque de l'auteur à la page 348 de l'œuvre mentionnée.

[11] Miroslav Cervenka délimite de manière semblable la signification de ces termes lorsqu'il les emploie dans son texte « La contribution stylistique à la théorie des variantes », *Ceska literatura,* année 14, n°1, Prague, 1966, p. 46.

[12] Ivo Franges. *op. cit.,* p. 294.

[13] Omission : il faut dire : cinq vers (Branko Popovic).

[14] Ivo Franges, *op. cit.,* p. 294.

[15] *Ibid.,* p. 295.

inspiration (...) il est nécessaire d'accepter la troisième version du chant comme le texte critique ».[16]

En parlant des remaniements de ce chant de Vidric, Barac s'est servi également du terme version.[17] Dans l'analyse de la « naissance » d'un autre chant de Vidric, Franges orientera la signification de ces termes de sorte que le terme *version* désignera l'issue finale de remaniements et de parachèvement (résultat relativement stable de l'hésitation créatrice). Il appellera *variantes* ces hésitations et ces solutions temporaires : « La version définitive montre le vrai sens des tâtonnements exprimés dans de nombreuses variantes ».[18]

L'exemple d'une étude récente de ce phénomène dans la poésie populaire montre qu'on donne le nom de version à une forme originelle entière (dans le sens génétique) pour désigner le chant le plus authentique (plus connu et plus important) dont se séparent, comme les branches du tronc, les chants partiellement (sporadiquement) remaniés, les variantes : « Il est donc plus qu'évident que les deux variantes de Dubrovnik ont pour base certaines versions plus complètes qui les précèdent. (...) Une influence très possible de la version de Vuk exercée de bonne heure est remarquée dans les variantes de Trebinje, de Sipovo et de Korcula... »[19]

Dans la littérature russe le terme *version* est rarement utilisé. Nous le trouvons chez Vinogradov lorsqu'il parle des versions des contes portant sur un thème.[20] Ceci pourrait signifier qu'il appelle *versions* les remaniements thématiques des œuvres, et *variantes* les remaniements stylistiques. Au lieu du terme *version* les auteurs russes emploient le terme *rédaction.*

S.A. Reiser met en rapport les notions de variante et de rédaction de la manière suivante : « Il se peut qu'une variante ne concerne pas seulement de petits morceaux, quelques mots ou quelques lignes, mais s'étend à une partie plus ou moins importante du texte. Si la variation transcende le texte original, il s'agit d'une deuxième rédaction ».[21]

A la fin du dictionnaire terminologique le même auteur donne la définition suivante : « La rédaction – variante – embrasse plus de la moitié du texte et comprend des singularités de sens importantes ».[22]

---

[16] *Ibid.,* p. 299.

[17] « *Notturno* dans ses trois versions démontre que Vidric trouvait difficilement l'expression nécessaire. » (Barac, *Vidric,* Zagreb, 1940, p. 48.)

[18] I. Franges, *op. cit.,* (« La naissance d'un poème. Au sujet du *Matin* de Vidric »), p. 246.

[19] Radosav Medenica , « Banovic Strahinja et les variantes », Narodna knjizevnost, (*La littérature serbe dans la critique littéraire II),* Nolit, Belgrade, 1966, p. 216.

[20] V.V. Vinogradov, « Sujet et style », Moscou, *Académie des sciences,* URSS, 1963, p. 185.

[21] S.A. Reiser, *Paléographie et textologie des temps nouveaux,* Prosveschtenie, Moscou, 1970, p. 153.

[22] *Ibid.,* p. 333.

Lihatchov, Prohorov et d'autres auteurs russes déterminent de manière semblable la notion de rédaction.[23] D'après eux, elle est plus générale que la notion de variante. Les deux notions déterminent le même phénomène, la *rédaction* désignant une modification de l'œuvre littéraire beaucoup plus importante tant d'un point de vue quantitatif que qualitatif. Au travers des études portant sur Flaubert, Henry James, Hardy et autres écrivains ayant remanié leurs œuvres, on se rend compte que, ce que les auteurs russes appellent *rédaction* est appelé *version* dans la littérature anglaise et française.[24] Dans les critiques anglaises (textual criticism) on rencontre les termes de *révision* et de *variante*,[25] le premier désignant le processus de remaniement et non l'état définitif de l'œuvre remaniée, et le deuxième, les petits changements touchant de petites unités structurales de l'œuvre ou de petites œuvres en général (un poème lyrique, par exemple).

Ce qui est appelé *version* de l'œuvre littéraire artistique par la critique scientifique anglaise et française, et *rédaction* par les scientifiques russes et certains de nos historiens littéraires d'autrefois, est appelé *version* par nos jeunes chercheurs littéraires[26] (exception faite d'un petit nombre d'entre eux).

---

[23] D.S. Lihatschov, *Textologie,* Naucna knjiga, Belgrade, 1966, p. 12.

[24] Jean Bruneau, *Les débuts littéraires de Gustave Flaaubert 1831-1845,* Armand Colin, Paris, 1962.

Gustave Flaubert, *Madame Bovary. Nouvelle version précédée des scénarios inédits...*, Corti, Paris, 1949.

Algernon P. Coleman, *Flaubert's Literary development in the light of his « Mémoires d'un fou », « Novembre » and « Education sentimentale (Version of 1845),* The John Hopkins Press, Baltimore et Champion, Paris, 1914.

The Other House, fictional version of play ;

The Outcry, fictional version of play 1910 (B.R. Mc Elderry, *Henry James,* College and University Press, 1965, p. 185).

Otis B. Wheeller, « Four Versions of The Return of the Native », *NCF,* XIV (1959).

[25] Royal A. Gettman, « Henry James' Revision of The American », *AL,* XVI (1959).

Matthew J. Bruccoli, « Textual Variants in Sinclair Lewis' Babbitt », *SB,* XI (1958), pp. 263-268.

[26] A côté de l'exemple déjà cité de Vido Latkovic (à la page 13 de ce livre) il faut citer encore une fois (et à titre d'exemple un troisième nouveau terme de ce phénomène) Bogdan Popovic : « Flaubert, lyrique en prose (...) dans la première rédaction de son Salambô commençait toutes les phrases par cette conjonction... », *op. cit.*, p. 206.

Milos I. Bandic, *Mihailo Lalic. Histoire du courage humain,* Graficki zavod, Titograd, 1965, p. 138.

Vladimir Jovicic, *L'art de Borisav Stankovic,* SKZ, Belgrade, p. 137.

2.PREMIÈRE APPROCHE DE LA DÉTERMINATION DU PHÉNOMÈNE

Avant de définir la notion de version il faut mentionner les difficultés que l'on rencontre lorsque l'on tente de réduire cette problématique complexe à un seul terme.

Une version naît à la suite des modifications apportées à une création littéraire.[27] Toute la littérature, l'art poétique orale et écrit et les créations en tout genre sont sujets aux changements.

Les modifications apportées à une création littéraire peuvent se produire à des époques et pour des raisons différentes. Elles peuvent être apportées par différentes personnes (l'auteur ou quelqu'un d'autre avec ou sans la permission de ce dernier). Les modifications peuvent s'étendre à toute la création littéraire ou à une de ses parties seulement ; à tous les éléments de la partie ou à certains détails seulement. Et ce, de manière non uniforme et avec une orientation différente changeant le caractère de certains éléments de la création littéraire.

En touchant plus particulièrement certaines composantes de la création (composante morphologique, sémantique ou esthétique), les changements peuvent être tels que la création littéraire (artistique ou non) se transforme en base pour la création d'une autre œuvre artistique non littéraire (synopsis de film ou schéma de scénario ou libretto, etc.).

De manière analogue, les poésies populaires orales peuvent constituer la base d'une œuvre d'art poétique écrite (*Maxime Crnojevic* de Laza Kostic, par exemple). Les changements en sens contraire sont également possibles : un scénario peut constituer la base d'une œuvre d'art poétique ; c'est-à-dire, qu'une œuvre artistique écrite sert de base à une œuvre orale, « populaire » poétique.

Le remaniement entraîne plus souvent un changement de genre littéraire qu'un changement de type d'art littéraire. Les résultats des remaniements dans la création littéraire peuvent donc être très variés. Un remaniement peut améliorer ou endommager, de manière inégale, les valeurs fondamentales de la création littéraire. Il peut aussi changer le sens de la création à tel point que le succès de la transformation doit être jugé selon de nouveaux critères adaptés à une nouvelle finalité.

Qu'est-ce qu'une version d'une création littéraire ?

On peut dire que tout écrivain, dans un certain sens, écrit toujours la même œuvre. Chacune de ses nouvelles œuvres constitue une sorte de version de toutes les œuvres précédemment créées.

De même peut-on estimer que toute apparition de formes littéraires traditionnelles dans une nouvelle œuvre constitue une sorte de version, de

---

[27] Une conception différente et plus large de la naissance de la version, voir à la page 23 de ce livre.

reconstitution des techniques traditionnelles de l'art littéraire. En ce sens, l'influence littéraire peut être mise en rapport avec le problème de la version. Ainsi, la notion de réception est mise en rapport avec la notion de version. L'emprunt de modèles structuraux appartenant à la tradition littéraire, aux œuvres d'auteurs contemporains (ou à des œuvres personnelles) constitue également un cas de version. C'est pourquoi, selon la composante structurale empruntée, nous pouvons parler de versions thématiques ou de versions concernant la structure de la composition, le procédé littéraire ou le style d'une création donnée.

On peut donner le nom de version aux traductions en langues étrangères, aux transformations formelles (prose en vers), aux adaptations théâtrales, cinématographiques ou télévisuelles, aux publications adaptées[28] ou à la mise en bande dessinée, à la parodie et aux commentaires critiques de l'œuvre (traduction du langage poétique de l'œuvre en langage rationnel).[29] De plus, en tant que système de signes interprété par un lecteur selon son propre vécu, une œuvre littéraire donne naissance à autant de versions différentes qu'il y a de lecteurs.

Comme nous pouvons le voir, la notion de version touche un grand nombre de phénomènes littéraires, de sorte que la version est un phénomène beaucoup plus important que l'on pourrait le croire compte tenu de la place insignifiante qui lui est consacrée dans la théorie littéraire. On comprend mieux l'importance de l'étude littéraire et théorique de la version-création littéraire, si l'on prend en considération le fait que toute création littéraire apparaît sous forme de version. La création littéraire, tout au moins dans sa phase initiale, passe publiquement ou non (cachée des lecteurs) par un état instable, qui se présente au créateur en tant que solution artistique provisoirement acceptable, en tant que possibilité valable de donner une forme à l'œuvre toute entière ou à certains de ses éléments.

Après tout, l'œuvre dite achevée n'est qu'une possibilité conceptuelle réalisée dans une certaine mesure, qu'une version de la vision idéale,[30] supposée ou pressentie de l'œuvre. Si cette idée pouvait être acceptée, la notion de version serait plus générale que la notion d'œuvre littéraire. Pour montrer aussi par des indicateurs quantitatifs toutes les réalisations possibles d'une création poétique (toutes ces possibilités sont des versions d'une certaine fixation de

---

[28] Yuriïi N. Tinianov, *Archaïsants et novateurs,* Leningrad, 1929 (Copie : Wihelm Fink Verlag, Münhen, 1967, p. 455).

[29] Cf. Nikola Milochevitch, *Le roman de Milos Tsernianski,* SKZ, Belgrade, 1970. p. 191.

[30] John Crove Ransom : « Si nous insistons sur le fait que les machines et les processus scientifiques ne sont jamais parfaits et qu'ils se perfectionnent sans cesse, la réponse est la suivante : ils peuvent en tout cas se perfectionner. (…) Mais il est bizarre que les critiques littéraires, et tant parmi eux (…) affirment que cette même organisation rigide peut être obtenue dans un poème… » (*Poems and Essays,* Vintage Books, New York, 1955, p. 164.)

sens d'une création littéraire, fixation de sens fondamentale, réalisée ou seulement rendue possible) il faudrait pouvoir, à titre d'illustration, évaluer le nombre de versions du roman *Les Frères Karamazov*. Il faudrait prendre en considération le nombre de langues dans lesquelles il a été traduit, le nombre de traductions dans chacune de ces langues, et le nombre de représentations au théâtre, au cinéma et à la télévision avec des protagonistes différents et des mises en scène différentes. Si l'on tient compte du vécu singulier du lecteur (spectateur) face à cette œuvre, vécu de chacun lors de la lecture de l'œuvre, le nombre de versions ainsi comprises est déterminé par le nombre de lectures et de visions différentes de la même œuvre (et confirme l'existence de cette œuvre sous ses aspects différents). A ce moment là, le nombre de versions du roman *Les Frères Karamazov* est beaucoup plus grand que le nombre de ses lecteurs et de ses spectateurs (car cette œuvre représente une expérience vécue à plusieurs reprises et de manière différente par beaucoup d'entre eux).

Tomasevski souligne le rôle de l'imitation, de la variation de forme et de signification, pour la naissance et l'évolution des genres littéraires.[31] Là où il y a imitation, il y a aussi version.

Comment peut-on alors embrasser par une notion, une définition, cette multitude complexe de phénomènes littéraires variés et hétérogènes ?

De manière générale, toute forme de description, d'interprétation, ou de tentative de recréer de manière mimétique la réalité, peut être considérée comme une version de cette réalité. Partant donc de ce point de vue le plus large, toute création intellectuelle (dans un domaine artistique ou non) individuelle ou collective peut être considérée comme une version de la réalité. Par conséquent, toute chronique et tout roman historique peuvent constituer des versions d'une réalité historique survenue.

Ici cependant il ne sera pas question du rapport entre la création intellectuelle et la réalité qui lui sert éventuellement de base, mais du rapport entre deux créations intellectuelles. Si deux créations intellectuelles ont des éléments structuraux communs, alors la seconde peut être considérée comme une certaine version de la précédente, sans tenir compte du fait que la première ait pu être son modèle direct. Une création peut théoriquement être considérée comme version d'une création précédente, à condition que la création postérieure reprenne en partie, répète ou recrée certains éléments structuraux de la précédente. Une version peut être considérée comme telle à condition que les deux créations aient en commun certaines structures et certaines composantes de sens essentielles.

Les caractéristiques communes entre des facteurs structuraux partiels et non autonomes, c'est-à-dire la plus petite parcelle commune des facteurs structuraux importants, peuvent être considérées du point de vue théorique

[31] B.V. Tomasevski, *Théorie de la littérature,* Belgrade, SKZ, 1972, p. 227.

comme le commencement du phénomène que nous appelons *version*. D'autre part, si les points communs couvrent les composantes essentielles de l'œuvre, et si les différences ne se rapportent qu'à des détails insignifiants, alors ceci peut être considéré comme la fin théorique du phénomène appelé version.[32] Par conséquent, la version – au sens pratique du terme – ne comprendrait pas les cas limites : (1) les cas très rapprochés et (2) les cas très différents de deux créations. Ni une parenté minimale ni une parenté maximale ne constituent une version. De même, ni une différence minimale, ni une différence maximale ne constituent une version. Si, par exemple, deux créations littéraires n'ont qu'une phrase commune ou l'ensemble du texte leur est commun sauf une phrase, il s'agira alors des cas limites, du commencement théorique ou de la fin théorique de ce qui est appelé ici version d'une création littéraire.

Qu'il existe un rapport causal visible ou caché, réel ou éventuel entre les composantes structurales d'une création précédente et une autre qui lui emprunte certains modèles structuraux, il y a une différence entre (1) la branche initiale (base) et (2) la branche résultante (dérivée) de la relation hypothétique : modèle – version. Toutefois, il faut avoir à l'esprit que, dans un autre cas, les branches de la relation peuvent mutuellement changer de place (de nom et de fonction) et tout le processus de la relation causale peut être inversé, de sorte que la branche initiale devient la branche résultante.

Comment naît une version ? Faut-il qu'une création terminée soit détruite pour qu'une nouvelle création soit construite à partir des structures conservées et de celles qui viennent d'être créées ? Ou bien naît-elle de l'emprunt partiel (de la copie partielle) des unités structurales non détruites d'une création littéraire ?

Dans la création de la version l'accent est-il mis sur la création qui constitue une critique (et une correction) de l'ancienne création ou sur la création qui ne représente que la régénération partielle (et la réaffirmation) de ce qui précède ? S'agit-il de transcender ou de prolonger et de poursuivre ce qu'il y a de meilleur, d'efficace, de réussi ?

Que la version soit considérée comme un remaniement critique d'une création littéraire déjà dépassée (d'après la nouvelle conception de l'auteur), que les solutions structurales non dépassées soient insérées, à la suite des réflexions profondes, dans une création nouvelle, dans les deux cas on peut parler d'un emprunt, de copie des valeurs structurales de la création précédente et de leur nouvelle structuration, à partir des bases partiellement modifiées, conformément à la conception de la nouvelle création.

---

[32] Si nous considérons la naissance des versions à partir de la création (1) de ce qui est commun dans ce qui est différent ou (2) de ce qui est différent dans ce qui est commun, nous pouvons changer de termes et les inverser de sorte que ce que nous avions appelé la fin de la création de la version, soit appelé maintenant le commencement de la création de la version.

Ainsi, lors de la définition de la version on peut exclure le côté négatif, destructif, du processus, et partir du point de vue de la création, acte positif, résultat de l'emprunt de modèles efficaces insérés dans la création qui est en train de naître.

3. DÉFINITION DU PHÉNOMÈNE

La définition générale de la version devrait embrasser tous les cas dans lesquels la création littéraire apparaît comme l'une des deux branches de la relation (initiale ou résultante), que ce soit une création intellectuelle non littéraire (film, représentation à la télévision, opéra, et autres) obtenue à partir d'une création littéraire – structure initiale (transformation ou influence) –, ou que ce soit une création littéraire qui naît en tant que version d'une création intellectuelle non littéraire (version d'un film, d'une représentation à la télévision et autres).

D'autre part, la définition générale de la version doit englober toute la littérature (journal, chronique, mémoires, poème, conte, roman, pièce de théâtre, etc.) sans tenir compte du fait qu'il apparaisse, dans les deux branches, des créations artistiques ou d'autres n'ayant pas cette prétention.

La définition de la version doit supposer que ce phénomène de l'art poétique peut apparaître dans le cadre de l'art poétique oral ou écrit ; c'est-à-dire, qu'il peut naître de l'influence réciproque entre une création poétique écrite et orale, l'origine pouvant être orale ou écrite. La notion de version d'une création littéraire artistique doit supposer que le processus de la création d'une version soit le même pour toutes les œuvres de même genre ou non. (Ce processus est donc acceptable entre deux œuvres en vers, ainsi qu'entre une œuvre en vers et une œuvre en prose). De plus, la notion de version définie de la manière la plus large ne doit tenir compte ni du nombre ni de la catégorie des créateurs, ni des motifs qui les poussent à la création des versions, ni même du procédé utilisé pour arriver à une version, car cette notion doit couvrir un large domaine.

Par conséquent,

(1) la notion de version, conçue de la manière la plus large, devrait embrasser toutes les créations intellectuelles : orales, écrites, littéraires et non littéraires, artistiques ou sans prétentions, sans tenir compte du fait que la création littéraire (d'art littéraire) figure ou non en tant que branche obligatoire dans la relation base – dérivée.

(2) La notion de version conçue de manière générale sous-entend que la version peut être l'œuvre d'un individu ou d'une collectivité, de l'auteur ou d'une autre personne (l'auteur pouvant connaître ou non l'existence de ce travail et pouvant l'autoriser ou l'interdire). Cette notion sous-entend que la

version peut être rédigée de manière éthique ou non, et dans de bonnes intentions créatrices ou non.

(3) Enfin, le processus de création d'une version comprend deux procédés principaux : a) le remaniement d'une structure première pour arriver à une structure différente ; et b) l'emprunt d'unités structurales de la structure de base pour les « insérer » sans modification dans une autre structure.

La notion de version conçue de la manière la plus large pourrait être définie comme suit : *une version est une création intellectuelle relativement globale obtenue par l'emprunt ou le remaniement partiels de la structure d'une autre création intellectuelle.*

L'intérêt principal de ce travail consiste à étudier et à déterminer la nature de la version d'une création d'art littéraire spécifique, à savoir le roman. L'existence de la création poétique est supposée aussi bien dans la base que dans la dérivée, de sorte que la définition de la version d'une création poétique pourrait être la suivante : *la version d'une création poétique est une création poétique relativement globale obtenue par l'emprunt ou le remaniement partiels de la structure d'une autre création poétique.*

Une création d'art littéraire plus ou moins intégrale obtenue par le remaniement ou l'emprunt de la structure d'un roman déterminé est appelée version de ce roman.[33] Cependant à la place de l'expression *version du roman,* il faut introduire un terme plus juste, celui du *roman version,* qui désignera une œuvre romanesque obtenue par le remaniement ou l'emprunt partiels de la structure d'une autre création intellectuelle (d'une autre œuvre poétique, ou le plus souvent d'un autre roman). De plus, il faut introduire la notion *version de la version.* La série des dérivées est théoriquement illimitée. Le dernier produit de la série est, d'une certaine manière, une version de toutes les versions précédentes et peut être, par exemple, la cinquième ou la dixième version de la création originale.

Bien qu'il soit logique (d'un point de vue génétique) de n'appeler version que la dérivée d'une création précédente, dans la pratique la structure de base est appelée aussi version : suivant l'ordre de rédaction, certaines œuvres nées à la suite du remaniement sont appelées deuxième ou troisième version, tandis que l'œuvre originale obtient le nom de première version.

---

[33] Cependant, il sera surtout question ici du roman-version d'une œuvre poétique, plutôt que de la version d'un roman.
Le roman de Lalic *Une touffe d'obscurité,* ayant comme point de départ une nouvelle, est la version de cette nouvelle et non un roman. Et le roman de Robert Penn Warren *All The King's Men,* ayant été écrit à partir du drame *Praud Flesh,* s'appellerait version d'un drame. (John Kuehl, *Creative Writing and Rewriting,* Appleton – Century – Crofts, New York, 1967, p. 235.)

4. DÉLIMITATION DES NOTIONS

Avant que cette analyse ne restreigne ses domaines d'exploration et n'aborde une tâche plus concrète, ou ne se rapproche d'un autre aspect de cette problématique, il faudrait définir le rapport entre les notions *version* et *variante,* cette question étant restée ouverte.

Il faut dire tout de suite que version et variante nomment le même phénomène, mais la variante constitue un cas particulier de la version, ce cas particulier étant déterminé par l'étendue du phénomène, l'intensité, la complexité, la fréquence et l'importance de ce qui est changé, par l'aboutissement de la réalisation et par la présentation synchronique ou diachronique des composantes relationnelles parallèles ou supérieures, etc. Dans l'art littéraire on donne le nom de variante à une unité relativement non autonome de la création poétique obtenue par le remaniement ou l'emprunt partiels des singularités structurales de l'unité correspondante d'une autre création poétique.

Si l'on compare les définitions, on constate que la version se rapporte à une création poétique intégrale et autonome, alors que la variante se rapporte à une unité partielle et relativement dépendante de la création précédente. Il serait possible d'en conclure que l'œuvre intégrale ne peut pas être appelée variante. Cependant dans la pratique de la théorie littéraire, comme il a été déjà dit, des œuvres intégrales sont appelées variantes. De même, dans la création poétique orale des poèmes entiers, mais aussi des contes, fables et autres sont appelés variantes. Lorsqu'une seule de ses unités est touchée par ce procédé, l'œuvre toute entière est quelquefois appelée variante. Ainsi la variante figure quelquefois en tant que notion dont la signification est égale à celle de version. Parfois même la notion de variante se trouve au-dessus et précède la notion de version. C'est le cas lorsqu'une variante devient la base de la création d'une nouvelle version (ce cas est fréquent dans la poésie orale). Cette « variante », base de la nouvelle version, devient alors (du point de vue génétique) une notion fondamentale et, donc, plus large que celle de version.

Tout comme il est difficile de déterminer une modification minimale au delà de laquelle une œuvre devient version et une modification maximale au delà de laquelle elle cesse d'être version (car elle devient une autre œuvre autonome), il est difficile de préciser dans quelle limite ce phénomène peut être appelé variante et dans quelle limite il peut être appelé version (selon le volume des modifications, l'aspect de la présentation, l'intensité et l'essence des manifestations).

Toutefois, nous pouvons déterminer des critères approximatifs qui peuvent aider à délimiter les versions et les variantes.

Une variante est une unité structurale seconde résultant d'une unité structurale de base ayant subie une multitude de transformations partielles et justifiées d'un point de vue fonctionnel. La variante est donc synonyme de version, elle embrasse de petites unités structurales non autonomes et insignifiantes. La variante se rapporte plus au plan morphologique qu'au plan sémantique de l'œuvre (plus au niveau de la parole qu'au niveau du thème).[34] La notion de variante souligne davantage les possibilités d'une dérivation synchronique et l'existence parallèle de dérivées que l'existence diachronique et la supériorité d'une dérivée par rapport à une autre. Par terme de variante on souligne quelquefois l'aspect quantitatif de la modification, c'est-à-dire la fréquence du phénomène plutôt que sa nature (transformation qualitative de la structure). La variante, contrairement à la version, naît plus souvent selon le principe de la synonymie et moins souvent selon le principe de l'antonymie. La variante est l'une des dérivées individuelles possibles (réalisées ou réalisables) obtenues par la transformation partielle de la structure d'une unité de la création littéraire. Une telle formulation du terme sous-entend la mise en relief du côté quantitatif du phénomène. Le terme littéraire *variante* semble s'être approprié certaines singularités de termes mathématiques proches de par leur nom et leur signification (variation, variable, variante). Le terme littéraire souligne aussi la capacité de multiplication des dérivées et leur parallélisme mutuel. Dans le terme littéraire on souligne plus le côté quantitatif (nombre possible de variations des dérivées obtenues par la transformation partielle de la création originale) que le degré de modification des qualités essentielles (nature de la modification de la création originale).

Naturellement, il ne faut pas exclure du terme *variante* la composante qualitative du phénomène au profit de sa composante quantitative. Mais dans cette tentative de délimiter la signification du terme, il faut expliquer pourquoi la composante quantitative est mise en relief davantage dans le terme *variante* que dans le terme *version.* La liberté de variation, et par conséquent la possibilité numérique de variation, est d'autant plus grande si l'on passe de l'œuvre intégrale (par l'intermédiaire de grandes unités autonomes) aux détails de cette œuvre. C'est pourquoi on sous-entend davantage le côté quantitatif et ce qui est relatif à la forme dans ce que nous appelons *variante,* que dans ce que nous appelons *version.*

Etant donné que dans la plupart des cas on désigne les variations structurales qui ont lieu au niveau des détails de l'œuvre par le nom de variante et celles qui ont lieu au niveau des ensembles relativement autonomes de l'œuvre par le nom de version, il est possible de fixer un rapport de signification entre ces deux termes. Nous pourrions désigner par version l'ensemble de variations de structures, c'est-à-dire l'ensemble des variantes, la totalité du phénomène, au niveau de l'ensemble de l'œuvre. Et ce malgré le fait que le degré de modification du sens (de l'essence de l'œuvre) ne soit pas proportionnel à la quantité

---

[34] Dans son livre *Poétique du roman policier,* (Liber, Zagreb, 1973), Stanko Lasic parle, de manière conséquente, des variantes composées.

des modifications des unités de l'œuvre ; car une quantité insignifiante de modifications peut changer le sens de l'œuvre intégrale.[35]

Lorsque pour les besoins d'une analyse (ou pour d'autres raisons) on se concentre sur les modifications au niveau des détails de l'œuvre – faisant momentanément abstraction de leurs conséquences sur l'orientation significative, morphologique, esthétique – et de l'œuvre dans son ensemble, on peut toujours parler de variante. Dès lors que l'on se concentre sur les conséquences de ce phénomène sur l'œuvre intégrale et lorsque l'on constate que ce phénomène (qui ne dépasse pas physiquement le cadre de détails) change certaines caractéristiques esthétiques, morphologiques et significatives essentielles de l'œuvre intégrale, il faut alors parler de version. Il est possible, donc, que ce que nous avons appelé variante, en concentrant notre attention sur les détails où les modifications apparaissent, devienne version dans la perspective intégrale de l'œuvre. Il n'y aura donc pas de malentendu si, lorsque l'on utilise le mot version, on sous-entend l'œuvre dans son ensemble, sans tenir compte du fait que les variations de sens peuvent résulter de la modification de l'une des unités ou d'une multitude d'unités.

---

[35] Si, par exemple, on efface une seule négation, un préfixe (et non le mot entier) dans un roman policier (où toute l'attention est utilisée pour découvrir si le crime est perpetré par X ou par Y) et qu'au lieu de confirmer que « la personne X n'est pas l'assassin » on écrit que « la personne X (...)est l'assassin », le roman a un sens tout à fait différent.

III TYPOLOGIE

1. PRINCIPES DE CLASSIFICATION

Le but de la typologie est (1) de donner une image plus claire des types de versions rencontrées (réalisées et réalisables) et (2) de rendre possible une pensée plus systématique des versions.

Bien que la question, au centre de l'attention théorique, concerne les versions obtenues par l'auteur lui-même par le remaniement de son œuvre (notamment d'une œuvre épique en prose), la typologie cherchera à embrasser et à présenter les caractéristiques générales de toute une gamme de versions. La typologie part de catégories et de critères généraux pour ensuite se consacrer aux cas spécifiques et les classer selon des critères appropriés.

En regroupant des cas indubitables et des cas embryonnaires (cas limites) de versions et regardant ceci de différents points de vue, la typologie découvre de nouvelles formes et doit leur donner des noms. La notion de version sous-entend le rapport mutuel d'au moins deux structures. C'est le rapport d'une conformité partielle d'une ressemblance, ou d'une correspondance. Cela veut dire aussi qu'il s'agit d'une différence partielle. C'est pourquoi lors de l'étude et de la présentation typologique on doit sous-entendre deux choses : ce qui est ressemblant (correspondant) et ce qui est différent (qui ne correspond pas). De plus, on doit également prendre en considération la possibilité de repousser les limites de ces deux sphères, c'est-à-dire d'admettre la possibilité de l'extension de l'une dans le domaine de l'autre.

2. TYPES DE VERSION (CLASSIFICATIONS GÉNÉRALES)

Toute création intellectuelle (littéraire ou poétique) peut être étudiée sous deux aspects généralement délimités et déterminés par les relations suivantes :

le monde – création intellectuelle et

la création intellectuelle – (autre) création intellectuelle.

Le mot *monde* sous-entend une réalité objective et subjective qui peut devenir base d'inspiration ou base structurale d'une création intellectuelle. Une création intellectuelle (poétique), mimant ou non la réalité, utilise un événement vécu et le traduit dans son système d'expressions et de signes. Sans juger de l'importance que ces relations peuvent avoir dans la classification d'une création intellectuelle (poétique) dans la catégorie déterminée et sans juger du degré de son autonomie, certaines caractéristiques communes de la création intellectuelle (poétique) et du monde réel sont incontestables, surtout sur le plan thématique. C'est pourquoi il y a lieu de souligner que toute création intellectuelle (et par conséquent toute création poétique) constitue, dans un certain sens, une version de la réalité.

En poursuivant un tel raisonnement, on peut dire que les créations d'art poétique sont des événements vécus (du monde réel) transposés dans les mots, donc, une version littéraire (parlée ou textuelle) d'un événement vécu du monde. On pourrait conclure, avec une précaution à laquelle une telle conception de la version nous oblige, que, à partir de ce point de vue, toute création poétique peut être considérée comme une version. Nous verrons plus tard que d'autres raisons nous amènent à penser ainsi. Si l'on distingue parmi les créations intellectuelles les créations littéraires (a) et non littéraires (b), et ensuite les créations artistiques (a1) et (b1), et les créations non artistiques (a2) et (b2), nous obtenons les groupes suivants de créations qui peuvent avoir de l'importance dans la systématisation des versions :

(a_1) art littéraire (poétique) (a_2) littérature non artistique	} (a) littérature
(b_1) art non littéraire (b_2) créations non littéraires non artistiques	} (b) créations non littéraires

A partir de ces quatre groupes de créations intellectuelles nous pouvons établir dix paires où le premier membre représenterait la base, et le deuxième, la dérivée (c'est-à-dire la version de la base). L'ordre inverse étant en principe possible dans chaque relation (chaque base peut devenir une dérivée), nous obtenons dix nouvelles paires, selon le schéma suivant :

I $a_1 - \acute{a}_1$	II $a_2 - \acute{a}_2$	III $b_1 - \acute{b}_1$	IV $b_2 - \acute{b}_2$
$a_2 - a_1$	$b_1 - a_2$	$b_2 - b_1$	
$b_1 - a_1$	$b_2 - a_2$		
$b_2 - a_1$			

I_1 $\acute{a}_1 - a_1$	II_1 $\acute{a}_2 - a_2$	III_1 $\acute{b}_1 - b_1$	IV_1 $\acute{b}_2 - b_2$
$a_1 - a_2$	$a_2 - b_1$	$b_1 - b_2$	

$a_1 - b_1$ $a_2 - b_2$
$a_1 - b_2$

L'intérêt principal de ce travail ne portant que sur les paires où l'art littéraire a_1 figure comme membre de la relation (soit sous forme de base, soit sous forme de dérivée) nous nous concentrerons momentanément sur les groupes des relation I et I_1. Les huit relations[36] suivantes seront, donc, étudiées :
1. (a_1 – $á_1$) création poétique – (autre) création poétique,
2. (a_2 – a_1) littérature non artistique – création poétique,
3. (b_1 – a_1) art non littéraire – art poétique,
4. (b_2 – a_1) création non littéraire et non artistique – création poétique,
5. ($á_1$ – a_1) (deuxième) création poétique – (première) création poétique,
6. (a_1 – a_2) création poétique – littérature non artistique.
7. (a_1 – b_1) création poétique – art non littéraire,
8. (a_1 – b_2) création poétique – création non littéraire et non artistique.

Cette représentation schématique de la naissance des versions (versions de créations poétiques et versions non poétiques effectuées à partir de créations poétiques) deviendra plus claire et plus acceptable si dans le cadre de chaque relation donnée on trouve des exemples généraux et concrets. Pour certains cas il n'est pas facile de trouver des exemples représentatifs et convaincants, notamment pour ceux des relations 4 et 8. Cette étude étant plus spécifiquement orientée vers les versions du roman, les exemples qui suivent ont été volontairement puisés dans le domaine de l'art romanesque, sauf impossibilité de trouver de tels exemples.[37] Afin de se rendre compte de la réciprocité du processus au moment de la naissance des versions, l'ordre des relations sera maintenant différent.

1. (a_1 – $á_1$) roman – pièce de théâtre (les romans d'Henry James *The American* et *Daisy Miler* ont été adaptés à la scène et introduits dans *The Complete Plays of Henry James*).[38]

---

[36] Du point de vue de l'art non littéraire les relations aussi sont importantes : $a_2 - b_1$, $b_2 - b_1$ et $b_1 - ´b_1$. Il existe un nombre immense de créations d'arts non littéraires provenant de versions d'œuvre littéraires non artistiques, versions obtenues surtout par le remaniement de la structure des autres œuvres d'arts non littéraires. On pourra trouver facilement les exemples dans l'art cinématographique, mais aussi dans l'art musical, dans l'opéra, l'art plastique…

[37] A la place du roman on aurait pu prendre une nouvelle, un poème épique populaire ou une autre sorte de création poétique. On obtiendrait une multitude de relations possibles, mais l'exposé serait moins clair.

[38] Cf. V.R. McElderry, *Henry James,* College and University Press, New Haven, 1965, p. 185.

5. ($á_1 - a_1$) pièce de théâtre – roman (les pièces de théâtre d'Henry James *The Other House* et *The Outcry,* ont été remaniées en romans courts).[39]
2. ($a_2 - a_1$) mémoires – roman (mémoires ou journaux de Daniel Defoe et de P. David – et autres matériaux tirés de sources diverses – ont servi de base à Andritch pour écrire la *Chronique de Travnik*).
6. ($a_1 - a_2$) roman – feuilleton illustré (paraphrase) (éditions du feuilleton illustré du roman *Robinson Crusoé* ; romans racontés à des fins différentes – surtout pour des besoins scolaires).
3. ($b_1 - a_1$) film – roman (de Klute Alan Pakula – de Klute William Johnston).
7. ($a_1 - b_1$) roman – film (romans filmés, comme par exemple *Les Frères Karamazov* de Dostoïevski ou *La Montagne gémissante* de Lalic.[40]
4. ($b_2 - a_1$) matériaux d'archives non littéraires – roman ; (matériaux non littéraires : matériaux judiciaires et autres matériaux d'archives ont servi de base à A. Senoa pour écrire *Révolte des paysans*).[41]
8. ($a_1 - b_2$) chant populaire héroïque – « histoire » d'un événement transposée en chant (chants populaires épiques du cycle de Kosovo ; à partir de ces chants a été rédigée « l'histoire » de la bataille du Kosovo).
Chacune des huit relations énumérées mérite de faire l'objet d'une étude particulière (notamment celle dans laquelle les œuvres poétiques servent de base à une création filmée ou télévisée, car de tels cas sont très fréquents dans la pratique). Cependant en restreignant encore le cadre de cet exposé, nous n'étudierons que les relations dans lesquelles aussi bien la base que la dérivée sont des créations poétiques (relations : $a_1 - á_1$ et $á_1 - a_1$). Nous étudierons les cas où une création poétique naît par emprunt et remaniement partiels de la structure d'une autre création poétique (de même genre ou non), c'est-à-dire par la transformation de la structure de la création poétique de base (parachèvement, remaniement, répétition, imitation de la création originale).

A partir de la répartition habituelle de l'art poétique en création épique (x), dramatique (y) et lyrique (z), nous pouvons, pour le classement typologique des versions, établir les 12 relations suivantes :

1. (x – x') création épique – (deuxième) création épique
(nouvelle – roman) ;
2. (x' – x) (deuxième) création épique – (première) création épique
(roman – nouvelle) ;
3. (y – x) création théâtrale – création épique

[39] *Ibid.,* p. 185.

[40] Le roman *La Montagne gémissante* a donné naissnce à une version romanesque et une version cinématographique. Il y aura peut être un jour une version dramatique.

[41] Tout « roman historique » est la version des matériaux sur lesquels il s'apuie.

(pièce de théâtre – nouvelle) ;
4. (x – y) création épique – création théâtrale
(nouvelle – pièce de théâtre) ;
5. (z – x) création lyrique – création épique
(poésie en prose – nouvelle) ;
6. (x – z) création épique – création lyrique
(nouvelle – poème en prose) ;
7. (y –y') création théâtrale – (deuxième) création théâtrale
(comédie – tragédie) ;
8. (y' – y) (deuxième) création théâtrale – (première) création théâtrale
(tragédie – comédie) ;
9. (z –y) création lyrique – création théâtrale
(recueil ou cycle de poésies lyriques – tragédie) ;
10. (y – z) création théâtrale – création lyrique
(tragédie – recueil ou cycle de poésies lyriques) ;
11. (z – z') création lyrique – (deuxième)création lyrique
(poème en prose – sonnet) ;[42]
12. (z' – z) (deuxième) création lyrique – (première) création lyrique
(sonnet – poème en prose).

Il a déjà été dit qu'il n'était pas rare qu'une version soit créée à partir des deux types d'art différents (les exemples des versions filmées des romans et des nouvelles sont innombrables). Il arrive souvent que, lorsqu'une version prend naissance, la création dérivée change de genre. Toutefois la plupart du temps les versions prennent naissance dans le cadre d'un même genre. On rencontre ce cas particulièrement important du point de vue théorique dans la création poétique qui – cherchant à se dépasser – se transforme, en abandonnant partiellement sa forme et son orientation de sens existantes pour devenir version de la création précédente. Nous nous occuperons de manière détaillée de ce cas qui résulte des relations 1 et 2, 7 et 8, 11 et 12 présentées dans le dernier schéma. Nous n'avons trouvé pour ces relations que des exemples dont la base et la dérivée n'appartiennent pas au même genre. Pourtant si l'on prend les types de versions où les deux branches de la relation en question appartiennent au même genre, il devient facile de différencier les deux cas singuliers (Nous utiliserons des exemples tirés des ouvrages épiques. Les réflexions là-dessus sont valables également pour le genre dramatique et pour la poésie lyrique.) :

---

[42] Nous rencontrons un cas intéressant (semblable à la relation 11) chez Vasko Popa qui a écrit en vers un recueil de poésies auparavant publié en prose. (Comparer *Kora,* Nolit, Belgrade, 1969, pp. 92sqq.). L'auteur lui-même dit (*Kora,* 1969, p. 155) : « Quinze ans après, j'ai revu la première édition du recueil de poésies *Kora*. Certaines poésies ont été supprimées, certaines ont subi de petites retouches. Les parties du poème « Loin en nous » sont données en vers. (...) Cette édition de *Kora* doit être considérée comme définitive. V.P. à Belgrade, le 21 avril 1968. »

1. le roman (m) est la base d'un autre roman (n), qui en tant que dérivée du premier appartient au même ou à un autre auteur ,

2. le roman (m) est la base d'une nouvelle version du même roman (m) ; de sorte que nous avons les relations suivantes :

1. (m – n) et

2 (m – m').

La première relation (m – n) est valable pour de nombreux et différents aspects de l'emprunt de singularités structurales d'un roman par un autre (ou de n'importe quelle création poétique par une autre). A ce phénomène on donne des noms plus ou moins justes : encouragement, influence, imitation, reconstitution, parodie, mais aussi plagiat, selon le degré d'emprunt et de dissimulation.[43] Sans préciser la catégorie et la valeur de ce phénomène (qui touche aux questions complexes de la théorie littéraire : tradition, originalité, autonomie, etc.), nous devons tout de suite souligner qu'il faut traiter ce phénomène de version,[44] mais sous certaines conditions. Toutefois, dans le cadre de cette première relation, il faut tout de suite distinguer les cas où les deux créations poétiques (ou les deux romans) appartiennent ou non au même auteur. Lorsqu'on pense aux rapports qui existent entre les créations poétiques de différents auteurs, la manifestation du phénomène de version est, en règle générale, insignifiante. Au cas où cette manifestation ne serait pas insignifiante, ce qui est commun aux créations est le plus souvent dissimulé au maximum. Ceci est surtout valable depuis l'époque du romantisme, où l'originalité dans l'art poétique déterminait la valeur d'une œuvre. On peut souvent établir entre deux œuvres poétiques qui appartiennent au même genre, mais pas au même auteur (outre les caractéristiques communes pour ce qui est du genre et, éventuellement, de la langue) un tel degré de ressemblance et de correspondance dans les éléments de la structure, qu'il y a des raisons de considérer l'œuvre postérieure, au moins sous certaines conditions, comme la version de l'œuvre qui la précède.[45] Si pourtant les facteurs communs et semblables des deux œuvres se trouvent dans une troisième qui les précède, alors la dernière œuvre est – au cas où la deuxième joue le rôle d'intermédiaire – à la fois la version de

[43] Voir à ce sujet les travaux de Svetozar Petrovic : « La littérature d'un petit peuple et l'influence étrangère », *LMS,* janvier 1971, p. 18, et « La poétique de la tradition, l'influence de la poésie populaire dans une poignée de textes de la renaissance », *LMS,* novembre 1972, pp. 499-511.

[44] Il ne faut pas penser ici que je soutiens l'idée « qu'une œuvre n'est pas créée par un homme seul, mais par l'époque » ce que B.V. Tomasevski lui-même a déjà écrit (B.V. Tomasevski, *L'écrivain et le livre,* 2ème édition, Moscou, Goslitizdat, 1969, p. 152).

[45] Tinianov dit que Dostoïevski n'empruntait rien à Gogol, – il a lutté contre lui. Cela veut dire que Dostoïevski n'empruntait pas et ne répétait pas, mais remaniait et renouvelait Gogol. Toutefois, il s'agit là d'une certaine version de Gogol. D'une version négative. (Tinianov, *Archaïsants et novateurs,* p. 416).

la première par l'intermédiaire de la deuxième et la version de la version intermédiaire (c'est-à-dire de la deuxième œuvre). Les deux œuvres postérieures peuvent, naturellement, emprunter à la première et sans intermédiaire ; et la première œuvre est alors la base des deux dérivées. Une grande œuvre (œuvre reconnue à un moment donné) devient, comme il est dit, la base d'une multitude de dérivées (plus ou moins réussies du point de vue artistique). Le rapport mutuel de telles versions ne pourrait être représenté par une suite génétique, mais par les points d'un cercle qui naissent directement de son centre. Le cas inverse est naturellement possible, c'est-à-dire qu'une œuvre assimile l'expérience créatrice de plusieurs autres œuvres. (Elle emprunte le lexique de l'une, le sujet de l'autre, ailleurs la technique et ailleurs encore la poétique. Pour un véritable artiste il reste encore suffisamment de liberté pour une affirmation créatrice individuelle). *Laurier des montagnes* de Njegos ne pourrait-il pas être considéré dans ce sens comme une version géniale de la sagesse poétique populaire ? Dans ce cas, on peut définir une œuvre comme étant une version sans aucune connotation péjorative.

Par conséquent, il importe peu que l'emprunt constitue l'absorption d'expériences artistiques d'œuvres d'espace-temps et de climat intellectuel identiques ou non ; il est également sans importance que cet emprunt soit, selon les normes en vigueur, légal ou illégal, qu'il s'agisse d'un dépassement critique ou d'un plagiat – imitation non critique non créatrice, – le résultat de ce phénomène peut être appelé version ; avec, bien sûr, un attribut de valeur qui souligne la force ou l'impuissance de l'acte poétique individuel de l'auteur de la version (attribut qui met en relief la nature et le degré de ce qui est commun à la base et à la dérivée).

La parodie est un cas particulier de version qui naît d'une imitation caricaturale de la structure de la création originale. Elle vit en parasite, d'une fausse orientation des éléments de la structure d'une autre œuvre, le plus souvent de l'œuvre d'un autre auteur. Sous une apparence affirmative des singularités de la création poétique se dissimule la négation de certaines caractéristiques essentielles de la création parodiée.[46] Les formalistes russes attribuaient à ce type de version le rôle de stimulant dans l'évolution des formes poétiques : ils considéraient la parodie comme le catalyseur de l'évolution littéraire.

On pourrait penser qu'on élargie ici de manière injustifiée l'étendue et le contenu de la notion de version, car on y assimile des phénomènes d'art poétique que la théorie littéraire (ou l'habitude intellectuelle des chercheurs) a depuis longtemps classés dans d'autres systèmes, leur donnant des noms différents. Nous voudrions cependant suivre ce phénomène de manière extensive (au moins lorsque son plan général est en question), et le dévoiler au niveau

---

[46] Tomasevski parle aussi de la parodie en tant que mise à nu volontaire du procédé d'un autre écrivain. (Tomasevski, *La théorie littéraire*, SKZ, Belgrade, p. 225).

embryonnaire sans pour autant imposer le même nom à des manifestations contestables et peu claires et à des manifestations incontestables, intensives, prononcées. Nous voudrions aussi – sans prudence servile pour ne pas porter atteinte aux dogmes théoriques en vigueur – souligner les possibilités de voir ce phénomène s'étendre et s'enraciner profondément. Enfin, nous voudrions attirer l'attention sur des recherches qui offrent un angle de vision unique de l'art poétique à partir de la perspective de l'un de ses phénomènes, à savoir la version.

Il était nécessaire de faire une telle remarque car lors de l'étude de la forme la plus typique de la version – où la base et la dérivée appartiennent à la même création – nous chercherons les aspects (d'habitude négligés) de son existence minimale et ce afin de nous occuper, outre des cas déjà décrits, de la problématique des versions acceptées sous certaines conditions.

Lorsqu'il s'agit du rapport mutuel entre deux ou plusieurs œuvres du même auteur, on découvre souvent et sans grand effort – en le vérifiant d'une manière convaincante – les propriétés qui caractérisent la naissance d'une version (même dans les ouvrages abandonnés par leur auteur, dans ceux qui avec ou sans raison perdent sa faveur, et sont exclus par sa volonté de son héritage). Poursuivant l'idée de Hugo, selon laquelle le poète écrit toujours la même œuvre, ou celle de Gœthe selon laquelle le poète écrit depuis le début un recueil de ses œuvres, nous pouvons suivre le cours d'un sens global qui est commun à l'œuvre complète d'un auteur, pour trouver les propriétés d'une version. Il suffirait de repérer, au travers de la diversité et des innovations, ce qui est semblable dans les œuvres pour trouver une certaine constance, surtout dans les éléments de la structure artistique de l'œuvre où l'artiste s'est approché de la perfection.

En transposant de l'œuvre ce qui est inépuisable et personnel, à savoir l'expérience artistique, en la réutilisant et en la laissant aux autres en tant que bien commun de recherches, le poète réalise, dans une certaine mesure, au travers de chaque nouvelle œuvre, une version de ses œuvres précédentes. Ce type d'auto-emprunt est un droit légitime du poète.[47]

---

[47] Ivan Cankar a remanié la nouvelle « Le Bandit Pierre » pour en faire un drame, *L'Agravation*...

Dans les annotations du livre *Aventures de la Vallée Sentfloriïanska,* Cankar dit : « Quand j'ai écrit cette nouvelle et après l'avoir envoyée j'ai compris aussitôt ce qu'elle signifiait. Je me suis aussitôt assis et j'ai écrit *L'Aggravation.* Dans la nouvelle la chose est toujours matérielle – le bandit ne sait pas encore qui il est ; une gitane est sa camarade, mais non la meilleure partie de sa vie... »(Ivan Cankar, *Recueil des écrits,* Ljubljana, 1931, livre 12, p. VI).

Cependant la deuxième annotation du même recueil de Cankar est beaucoup plus importante du point de vue théorique. Il y accepte d'une certaitaine manière la conception de Hugo et de Gœthe selon laquelle un écrivain n'écrit toute la vie qu'une seule œuvre ; après la nouvelle « Secrétaire Jereb » du même recueil, il écrit : « Il me semble que chaque nouvelliste véritable ne porte en lui-même qu'une seule nouvelle. Elle revêt toujours un visage différent – elle a un autre contenu,

Avant de consacrer pleinement cet exposé à la version résultant du remaniement d'une œuvre terminée, effectuée par l'artiste lui-même, il faut – pour mieux tracer le domaine de la version – ajouter à la typologie générale de la version, les brouillons d'une œuvre. Toute œuvre poétique sérieusement écrite débute avant l'existence de l'œuvre même, sous forme d'une image plus ou moins annoncée, sous forme d'une possibilité précédemment conçue. Ce travail ébauché, précédant l'œuvre même, se réalise d'abord sous forme des versions d'une œuvre, dites versions de travail, ou brouillons.

L'œuvre définitive s'édifie au côté de ruines de projets partiellement réalisés, dépassés ou rejetés. Les parties indemnes, intégrées à l'œuvre font la création définitive, une version de ces projets.

Mais comme toute création humaine est susceptible de se perfectionner, l'œuvre dite achevée a-t-elle réellement atteint la perfection ?[48] Pour son

---

d'autres matériaux, d'autres mots, une autre idée : mais la quintessence reste toujours la même. Cette nouvelle unique change dans la mesure où l'homme change lui-même (il peut être joyeux ou triste, il peut éprouver quelque chose de nouveau, il peut avoir une nouvelle idée, il peut être pénétré par une nouvelle pensée). Et la nouvelle reste la même. Le nouvelliste pourrait laisser les mêmes régions, les mêmes noms, les mêmes personnages – la comédie se transformerait quand même en tragédie. On me disait souvent que mes personnages se ressemblaient et qu'ils me ressemblaient tous. Et à qui d'autre ressembleraient-ils ? Ces reproches ne me faisaient jamais de peine ; ills me faisaient honneur. Car on pourrait reprocher les mêmes choses à Maupassant et à Dostoïevski. Pourrait-on être poète sans écrire ce qui vient directement de soi ? (...) Car c'est le caractère qui est tout et les matériaux ne sont rien. La pensée, l'idée ne vient pas des matéraux, et ne s'y trouve pas non plus ; elle vient du caractère qui la place ensuite dans les mataériaux, dans les couleurs, dans l'harmonie. (...) Un jour j'ai ressenti quelque chose de très beau ; c'est resté longtemps en moi, puis j'ai transféré dans un grand nombre de nouvelles et dans le livre *A l'aube ils sont trois.* Dans cette nouvelle que vous lirez peut-être, le souvenir de ce sentiment reste présent bien que nébuleux. Il est si loin qu'il ne représente presque que les « matériaux » –, que Dieu les protège ! » (*Ibid.*, pp. IX-X).

Kasim Prohic expose une idée intéressante sur la « présence » d'une œuvre dans une autre, sur le roman en tant que version apocryphe d'un autre, en partant des rapports entre les romans de Mesa Selimovic : « Le roman *La forteresse* est une réaffirmation littéraire, à plusieurs niveaux, du roman *Les silences.* Parmi tous les romans de Selimovic, ce dernier figure en premier lieu, comme la conscience, l'avertissement constant que le talent littéraire ne suffit pas à l'authenticité d'une œuvre. Le roman *Les silences* est pour l'écrivain, d'un point de vue psychologique, un correctif rationnel et une crainte. Après son œuvre *Le derviche et la mort,* il a eu le courage intellectuel de se poser, de manière pratique, la question de la vraie nature, du manque essentiel et du caractère artificiel littéraire de cette œuvre. Tôt ou tard Selimovic devait le dire publiquement et demander : quelle était la gerbe de valeurs littéraires qui manquait au roman *Les silences,* et de quoi vivait un discours véritable artistique, stylisé de manière à ce qu'on puisse y reconnaître le style implicite réduit à l'essence de la vie même. C'est pourquoi nous supposons que *Les silences* constitue l'œuvre des tentations et des hésitations de Selimovic : elle est présente dans le roman *La forteresse* d'une manière puissante et apocryphe. » (Kasim Prohic, *Faire et exister,* Svjetlost, Sarajevo, 1972, p. 152). Voir dans la note n°76/4 ce que dit Selimovic de la thèse de Prohic.

[48] Les versions d'une œuvre scientifique sont des phénomènes de tous les jours. Les nouvelles recherches remettent forcément en question la validité et l'achèvement des éditions précédentes. Dans le domaine scientifique on ne pense pas qu'une œuvre puisse être définitive, achevée, par-

créateur elle continue à ne pas être conforme en de nombreux points à la perfection pressentie et non atteinte. Vu les faiblesses humaines de l'artiste, elle est condamnée à rester au pied de l'idéal esthétique, à n'être que la version d'un absolu pressenti et non incarné.

Selon le point de vue précédemment formulé, une œuvre poétique est une version d'un événement du monde vécu transposé dans le langage. Cette œuvre littéraire, comme nous avons voulu le montrer ci-dessus, n'est qu'une version latente des conceptions de l'artiste, de ses projets, de sa vision, d'un idéal artistique pressenti. Une version d'une œuvre poétique est plutôt une règle qu'une exception. De plus, toute œuvre poétique, à travers l'interprétation particulière du lecteur, se présente comme une version singulière de la vision de l'œuvre du poète conforme aux prédispositions et aux possibilités du lecteur : c'est une version de l'œuvre propre au lecteur.

Le message esthétique du poète transposé dans un système de signes ne produit jamais chez le lecteur une impression (sentiment ou sensation) identique à celle ressentie par l'auteur lors de la création de l'œuvre. La critique interprétative en tant que vécu explicite du lecteur de l'œuvre poétique n'est que l'aspect fixe de la version latente de l'œuvre poétique. Outre la critique interprétative – et l'emprunt minimal dans le remaniement de la structure poétique de l'œuvre – il faut mentionner un effet non textuel sur le plan sémantique de l'œuvre. C'est une sorte de critique interprétative, pièce ajoutée ultérieurement au corps même de l'œuvre poétique malheureusement quelquefois indispensable à la compréhension et à l'acceptation de la création poétique. On y rencontre des commentaires de toutes sortes qui suivent l'œuvre, qui n'entrent pas dans la structure poétique, mais qui restent à côté d'elle comme « les signaux routiers indiquant le sens ».

Qu'ils soient écrits par l'auteur ou par d'autres, et quelque soit leur place par rapport à l'œuvre, il s'agit d'éléments qui volontairement ou non orientent le sens de l'œuvre, et qui peuvent le réduire ou le modifier. L'œuvre poétique accompagnée de différentes sortes de commentaires exégétiques (préfaces, épilogues, explications, notes), n'est plus ce qu'elle était : elle a partiellement perdu le droit de s'auto-représenter. Elle n'est plus la structure poétique authentique et ouverte du sens original, mais sa version, sa dérivée et donc une poésie au sens dissimulé par les orientations des commentaires (allant quelquefois jusqu'à la contrefaçon). Cette poésie est fermée à un vécu libre du lecteur. C'est là le commencement de la traduction en poésie, qui est, comme toute traduction, rarement fidèle à la poésie originale.

En ce qui concerne l'œuvre dramatique, elle est prédestinée à une version théâtrale. Prédestinée à être jouée au théâtre, l'œuvre dramatique subit

---

faite, réussie dans ses moindres détails alors qu'on le pense habituellement d'une œuvre poétique. C'est pourquoi nous lisons sur une œuvre scientifique, sans être le moins du monde surpris qu'il s'agisse, par exemple, de la cinquième édition remaniée et complétée.

régulièrement des remaniements textuels pour s'adapter aux particularités et aux exigences de l'art théâtral. Etant donné ce double remaniement indispensable en ce qui concerne la représentation au théâtre, le problème de version de l'œuvre dramatique mériterait une élaboration théorique plus approfondie qu'il n'est pas possible d'aborder étant donné l'orientation de ce travail.

Si, d'après Sartre, toute œuvre constitue un appel au lecteur sensé de l'achever, alors la poésie dramatique deux fois inachevée (même si elle ne subit pas les remaniements préalables du texte) est exposée au fait d'être deux fois remaniée passant par deux phases d'achèvement, pour devenir à la fin version de la version.

Un drame peut donc être lu comme toute autre œuvre poétique. Cependant, il est créé pour que le message artistique de l'auteur soit transmis par l'intermédiaire de la scène, centre médiateur, à ceux auxquels il est adressé. L'auteur est donc conscient de laisser l'œuvre à la merci des remaniements intermédiaires. Il la cède risquant de voir les intermédiaires déformer partiellement son essence artistique et communiquer au spectateur une dérivée, peu semblable à ces intentions esthétiques essentielles. Le théâtre, relais médiateur, entre l'auteur, l'œuvre et les spectateurs, crée une dérivée acceptant rarement de ne pas déformer la lumière poétique de l'auteur. La lumière de la base arrive aux spectateurs sous un angle orienté par la nature des prédispositions et des possibilités artistiques de la mise en scène et de l'art dramatique. Les malentendus entre l'auteur du drame et l'auteur de son interprétation théâtrale ne sont pas rares.[49]

La traduction qui constitue un type particulier de version est plus courante que les autres types plus expressifs de version. Malgré le changement de langue et d'auteur, l'œuvre traduite tend à rester le plus possible fidèle à l'original. La traduction est une forme d'imitation autorisée. Outre ses modifications nécessaires qui caractérisent ce type de travail, la traduction est la version qui, sous sa forme la plus réussie, constitue le moins une version.[50] C'est un descendant

[49] James Thorpe souligne que parmi les écrivains anglo-saxons seuls Bernard Schaw et Eugène O'Neill étaient en mesure de résister aux exigences des directeurs de production, des régisseurs et des acteurs qui voulaient modifier leurs textes dramatiques (« The Aesthetics of Textual Criticism », *PMLA*, 5, 1965, p. 472).

[50] On ne pourrait pas dire cela pour un certain type de traductions dites « posrbe » (textes serbisés). Je citerai à ce propos un texte du manuscrit de Vasa Milincevic : « Les textes serbisés, appelés « posrbe » appartiennent à la littérature historique plutôt qu'à la théorie littéraire. On a donné le nom « posrbe » aux adaptataions-traductions singulières des œuvres étrangères (textes serbisés) en langue serbe dans le courant du XVIIIème et du XIXème siècles. Elles étaient surtout destinées aux lecteurs ou spectateurs du peuple et des classes moyennes. (Elles étaient très répendues dans la littérature dramatique, alors qu'elles étaient moins nombreuses en prose et en poésie). La serbisation des œuvres consistait à rapprocher le plus possible les œuvres étrangères (...) du milieu serbe. C'est pourquoi ceux qui remaniaient les œuvres, qui les serbisaient, donnaient

qui acquière une valeur s'il perd toute individualité et s'identifie au maximum à son ancêtre. Mais contrairement aux textes scientifiques et aux textes ayant une signification unique, la traduction (la dérivée) d'une œuvre poétique, lorsqu'elle réussit à rester fidèle aux termes de l'original, ne réussit, dans les cas les plus heureux, qu'à se rapprocher de l'esprit de son art.

Alors que la traduction a un rapport positif (affirmatif) à l'égard de l'original, la dérivée d'une œuvre remaniée par l'auteur lui-même a un rapport correctif, donc partiellement négatif à l'égard de sa base.

3. DÉNOMINATION DES VERSIONS

Dans la systématique des versions on a surtout parlé jusqu'ici des manifestations possibles des versions et non des versions réalisées. C'est pourquoi les critères de classification partaient des rapports extérieurs, et rarement des rapports intérieurs, partant des circonstances extérieures à l'œuvre plutôt que des réalisations dans l'œuvre même.

Il n'est pas facile de classer et de dénommer des versions dans lesquelles le remaniement de l'auteur réalise des objectifs nombreux et complexes. Et de tels cas sont très fréquents. Une classification est indispensable là aussi pour une étude efficace de la version, même si dans de telles circonstances une version peut être rangée en même temps dans différentes catégories et avoir différentes dénominations, conformes aux catégories auxquelles elle appartient. La dérivée garde souvent le titre de la création originale même à la suite d'un remaniement complexe. Pour les différencier – surtout s'il est difficile de distinguer des traits caractéristiques essentiels[51] –, il faut ajouter au titre un

---

aux personnages étrangers des noms serbes, situaient les événements et l'action dans les petites villes et villages serbes et laissaient souvent tomber certaines scènes ou actes. D'autres les abrégeaient, les modifiaient, les complétaient, etc. S'il y avait des chansons dans la pièce, elles étaient systématiquement remplacées par des chants serbes. Des chants serbes étaient souvent introduits dans le texte ou la représentation même s'il n'y avait pas de chants dans l'original. Bref, ceux qui « serbisaient » se comportaient très librement par rapport à l'original, changeant quelquefois non sulement les noms des personnages, des lieux et l'ambiance de l'action, mais aussi l'esprit et la tendance, ajoutant un patriotisme au couleurs serbes. Cette composante patriotique donne justement un caractère spécifique à ces serbisations. Elles diffèrent des adaptations littéraires étrangères où il s'agit plutôt d'adapter une forme originale complexe pour les enfants ou des textes antiques (moyenâgeux pour des lecteurs contemporains ».
Les serbisations sont donc des versions obtenues par un double remaniement de la création originale : la transposition d'une langue dans une autre et le remaniement de la structure (de la forme et de l'essence) de l'original.

[51] Lihacov recommande pour les cas de modifications complexes les désignations suivantes : ample, raccourcie, courte ; première, deuxième, dernière, etc. (D.S. Lihacov, *Textologie,* Naucna knjiga, Belgrade, 1966, p. 13).

attribut qui mette en relief la marque la plus distinctive de la transformation. Dans le cas où une œuvre poétique est radicalement transformée plusieurs années après la première publication, il est alors important – dans l'impossibilité de trouver un meilleur terme pour désigner la complexité du remaniement – de souligner le temps du remaniement et de l'insérer dans le titre de la version en tant que donnée caractéristique pour cette phase créatrice de l'auteur. (Lorsque dans la critique littéraire on parle du roman de Flaubert *L'Education sentimentale,* on trouve souvent à côté du titre l'année où la version a été rédigée : première version 1845, deuxième version 1869.)[52]

Si le remaniement de l'œuvre est fait dans une intention claire, alors la version est dénommée et classée dans une catégorie déterminée à partir de cette nouvelle marque distinctive. Voici quelques cas : changement de catégorie artistique (version cinématographique, télévisuelle et théâtrale du roman de Dostoïevski *Les Frères Karamazov),* changement de genre littéraire (la versification d'une œuvre en prose, la dramatisation des *Frères Karamazov,* la version romanesque de la nouvelle de Mihailo Lalic *Une Echappée de brume,* la version en vers du drame de Gœthe *Iphigénie en Tauride*).

En règle générale, pour la dénomination d'une dérivée, il faut ajouter au titre de la création originale un adjectif nominal obtenu à partir de la catégorie artistique, ou du nom du genre auquel l'œuvre poétique appartient suite à sa transformation. Ainsi on obtient des versions : cinématographique, télévisuelle, radiophonique, théâtrale, (...) – d'un roman, d'un conte populaire, d'un chant populaire ou d'un drame, etc.

Lorsque l'œuvre poétique remaniée ne change pas de genre – en fonction de la personne qui rédige –, on distingue trois types de versions : (1) une version de l'auteur, (2) une version des coauteurs et (3) une version sans participation de l'auteur (de l'adaptateur, du censeur, du rédacteur, etc.).[53]

Dans le cas où une autre personne remanie une telle version – avec le consentement de l'auteur, contre sa volonté ou à son insu –, cette version peut être désignée par le nom de la personne qui l'a remaniée.[54]

Il est difficile de distinguer les trois versions de Flaubert de l'œuvre *Tentations de Saint-Antoine* autrement que par l'ordre de leur achèvement (cf. Maurice Nadeau, *Gustave Flaubert écrivain,* Denoël, Paris, 1969).

[52] René Dumesnil, *L'Education sentimentale de Gustave Flaubert (1869),* éd. A.G. Nizet, Paris, 1963, p. 98.

[53] William Gibson souligne une forme intéressante de version de coauteurs. Il le souligne dans une chronique à l'occasion d'une représentation théâtrale de son drame *Two for the Seesaw.* De nombreux artistes de théâtre ont exigé des modifications de sorte que, selon Gibson, le drame représenté pouvait à peine porter son nom. (William Gibson, *The Seesaw Log : A chronicle of the Stage Production, with the Text, of « Two for the Seesaw »,* New York, 1959, pp. 32, 37, 101, 43, 140.) Les données sont reprises du teste de James Thorpe, *The Aesthetics of Textual Criticism,* p. 472.

[54] Dans la version complétée de *Osman* de Gundulic, il faudrait bien souligner le nom de Ivan Mazuranic, auteur des chants XIV et XV. Lorsque cependant les corrections portent sur

Etant donné que toute typologie part des caractéristiques et des critères généraux, cette classification des versions ne peut englober la multitude de détails spécifiques à chaque dérivée. En plus des données sur l'auteur de la version et sur l'époque de la rédaction, on peut tenir compte de certaines autres caractéristiques extérieures qui situent plus qu'elles ne caractérisent l'acte ou le résultat du remaniement de l'œuvre poétique :

1. Le lieu, le milieu social où naît la dérivée (par exemple, la version de Cetinje ou celle de Belgrade de la *Rupture* de M. Lalic.

2. Le type de la publication de la version existante : la version du manuscrit (non publié, publié), publication dans une revue, édition spéciale.
(Ex. : manuscrit non publié : la première *Tentation de Saint Antoine* ;
publié dans une revue : deuxième *Tentation de Saint Antoine* ;
édition spéciale : troisième *Tentation de Saint Antoine* (publication dans la revue du roman *Que faire* de Chernichevsky).

3. La place de la dérivée dans une succession de remaniements de la même œuvre (voir les exemples sur l'œuvre de Flaubert ci-avant ; voir aussi la deuxième version des *Fiancés* de Manzoni).[55]

4. Le type du texte : version en prose, en vers ; en dialogues (ex. : la version en vers du poème de Vasko Popa *Loin en nous* ou sa version en prose).

5. L'étendue de la transformation, la version élargie (complétée), non élargie, raccourcie (ex : la version complétée du drame de Krleza *En agonie* ; la version raccourcie de la deuxième *Tentation de Saint Antoine* ; une large version de *La montagne gémissante* de Lalic).

6. Le degré d'achèvement : une version inachevée (abandonnée, interrompue), terminée (ex. : la version inachevée de la nouvelle de Leskov, *La tendresse maternelle superflue*).

Des évaluations globales de la transformation peuvent également être utiles. Dès qu'on passe du domaine des faits pouvant être facilement établis et vérifiés (l'espace et le temps et les caractéristiques quantitatives) au domaine des déterminations qualitatives où les examens et les considérations analytiques complexes devraient précéder les jugements de valeur (et non comme dans les cas précédents où un jugement descriptif approximatif suffit), il est compréhensible que la détermination de la qualité soit incertaine, bien que

l'orthographe, le lexique ou les modifications stylistiques insignifiantes (tel est le cas avec les interventions du rédacteur Ferd Kozak dans le roman *Le bel âge* de Prezihov Voranc), alors l'auteur de telles interventions n'a pas le rang de coauteur. (Cf. Lovro Kuhar – Prezihov Voranc, *Recueil des œuvres,* IV, pp. 267 et 328, DZ de Slovénie, Ljubljana, 1968).

[55] En réalité la deuxième version des *Fiancés* est la deuxième selon l'ordre des publications. Si l'on prenait en considération l'esquisse primordiale de l'œuvre, portant le titre *Fermo et Lucie,* ce serait la troisième. Les titres des versions étaient les suivants : 1. *Fermo e Lucia,* 2. *Gli sposi promessi,* 3. *I promessi sposi* (Emilio Radius, « I due Manzoni », *EPOCA,* 1181, le 18 mai 1973).

dans la pratique de telles déterminations insuffisamment précises ne manquent pas.

Le classement typologique des versions, par rapport à la création originale, d'après l'évaluation globale et qualitative de la transformation, pourrait être fait à partir des critères généraux suivants :

1. la parenté : proche (étroite, proche, éloignée) ;
2. la réussite : une version réussie (très réussie, réussie) et une version ratée (insuffisamment réussie, ratée) ;
3. la (ré)orientation idéologique : révolutionnaire (libérale), réactionnaire (idéaliste, conservatrice) ;
4. l'attitude de la version à l'égard de la réalité sociale : inchangée (respectant d'autres opinions), changée (plus modérée, plus critique, satyrique) ;
5. l'innovation structurale générale : modernisée (expérimentale, l'esthétique accordé aux critères en vigueur), le retour aux valeurs traditionnelles éprouvées ;
6. l'innovation du point de vue de l'expression : puriste (civilisée, puritaine), non puriste (lascive, pornographique) ;
7. l'orientation significative de la dérivée : synonymique, non synonymique (parodique, humoristique, antonymique) ;
8. le type du dénouement de la fable : romantique, tragique.

La typologie des versions partant de la détermination des qualités intérieures spécifiques à l'œuvre poétique pourrait tenir compte des données ayant trait à l'étendue du remaniement de la structure et au type de remaniement subi par certains éléments structuraux. On procéderait donc à la classification des versions en tenant compte du fait que le remaniement porte sur le changement du thème, la modification de la structure, le changement des personnages, la modification du point de vue du narrateur, la transformation stylistique et linguistique.

De même on pourrait continuer avec une classification respectant le mode prédominant de transformation de certains éléments de l'œuvre poétique. Ainsi les principaux procédés, qui pourraient servir de base, sont les suivants : a) le remaniement (la modification), b) l'adjonction (insertion, incorporation, introduction), c) l'effacement (l'élimination) ou d) la combinaison (mélange des deux ou trois procédés (c'est-à-dire : a-b, a-c, b-c, a-b-c).

On pourrait rattacher ces procédés à chacun des éléments d'une œuvre poétique (narrative) mentionnés précédemment, ainsi on augmenterait les critères et les termes caractérisant une œuvre. Cependant si l'on continuait à morceler les domaines structuraux d'une œuvre poétique dont on tient compte lors de la classification, et si l'on multipliait les critères de classification, la typologie s'éloignerait du niveau de généralisation utilisable. Une telle classification morcelée d'une version naissante pourrait être utile à un certain niveau de généralisation, constituant une orientation obligatoire de l'examen.

Mais elle pourrait également négliger et cacher de manière constante les caractéristiques spécifiques et les singularités poétiques de l'œuvre originale dans lesquelles est concentrée l'essence artistique de l'œuvre même. – Dans l'examen de la nature poétique et de la fonction artistique du « remanié », il vaudrait mieux suivre les signaux, intérieurs à l'œuvre poétique adressés aux chercheurs, que les schémas imposés de l'extérieur pour que la richesse de l'analyse schématique ne contraigne pas la richesse immense de la poésie par ses schémas obligatoires (insuffisamment propices aux singularités poétiques, à l'esprit et au souffle de leurs nerfs sensibles), schémas rendus étrangers à la poésie par la brutalité et la bizarrerie des intérêts extérieurs aux noms desquels on l'analyse.

C'est pourquoi, il est souhaitable de mettre fin ici à la généralisation typologique. Pour mettre au clair ce qui est déjà dit, nous ne répéterons dans le tableau synoptique que les types de versions rencontrés et la classification typologique des versions selon les critères généraux.

4. TABLEAUX SCHÉMATIQUES

A. Les types de versions rencontrées d'une œuvre poétique :

1. Les types hypothétiques (d'emprunt)

a) les aspects latents (embryonnaires) :

– le mimétisme,
– la réception (correspondance avec une tradition poétique, les écoles et les méthodes littéraires ou sa propre expérience poétique),
– la critique interprétative,
– le vécu du lecteur,
– les stylisations ;

b) les aspects visibles (cas limites) :

– les retouches,
– les paraphrases,
– les parodies,
– les imitations,
– les plagiats.

2. Les types véritables de versions (les remaniements)

a) les brouillons (parachèvement),
b) les transformations,
c) les traductions,
d) les adaptations :
 – cinématographiques
 – télévisuelles,
 – théâtrales (dramatiques, d'opéra, de ballet),
 – radiophoniques.

B. DÉNOMINATION DES VERSIONS

<table>
<tr><th colspan="2">CRITERES</th><th colspan="2">TYPES DE VERSION</th></tr>
<tr><th>Généraux</th><th>Particuliers</th><th>Espèces</th><th>Sous-espèces</th></tr>
<tr><td rowspan="5">Données sur les carattéris-tiques extérieures aux remanie-ments</td><td>Auteur</td><td>d’auteur ;
de coauteur ;
n’appartenant pas à un auteur</td><td>de l’adaptateur ;
du censeur ;
du rédacteur</td></tr>
<tr><td>Temps</td><td>(année d’achèvement)
de jeunesse
de maturité</td><td>(année de publication)
phase débutante
phase créatrice mûre</td></tr>
<tr><td>Lieu</td><td>(ville)
(pays)
(établissement)</td><td><u>scolaire</u>
universitaire</td></tr>
<tr><td>Type d’édition (d’existence)</td><td>manuscrite ;
revue ;
Edition spéciale</td><td>non-publiée ;
publiée ;
(en feuilleton)
(publication partielle)
édition d’auteur ;
édition d’ éditeur ;
édition « pirate »</td></tr>
<tr><td>Type de langage</td><td>en prose
en vers</td><td></td></tr>
<tr><td rowspan="3">Données quantitatives</td><td>Ordre de parution</td><td>première ;
intermédiaire ;
dernière</td><td>(deuxième…)</td></tr>
<tr><td>Etendu du remaniement</td><td>élargie</td><td>incluses ;
vaste ;
complétée</td></tr>
<tr><td>Achèvement</td><td>non-élargie ;
raccourcie ;
non-achevée ;
achevée</td><td>exclues ;
abandonnée ;
interrompue</td></tr>
</table>

CRITERES		TYPES DE VERSION	
Généraux	Particuliers	Espèces	Sous-espèces
Evaluations	Parenté (entre la base et la dérivée)	proche	étroite ; proche; éloignée
globales	Réussite	réussie ratée	très réussie ; réussie ; insuffisamment réussie ; ratée
	(Ré)orientation idéologique	révolutionnaire ; réactionnaire ;	libérale ; idéaliste ; conservatrice
(quantitatives)	Attitude de la version à l'égard de la réalité sociale	inchangée ; changée	respectant d'autres oopinions ; plus modérée; plus critique ; satyrique
du	Innovation structurale (générale)	modernisée ; retour aux valeurs traditionnelles éprouvées	l'esthétique accordée aux critères en vigueur ; expérimentale
remaniement	Innovation du point de vue de l'expression	puriste ; non purifiée	cultivée ; puritaine ; lascive ; pornographique
	Orientataion significative de la dérivée	synonymique ; non synonymique	parodique ; humoristique ; antonymique
	Type du dénouement de la fable	romantique ; tragique	

IV. NAISSANCE DE LA VERSION

1. RETOUCHES ET REMANIEMENTS

Un auteur apporte en principe deux sorte de modifications à son œuvre poétique : les retouches et les remaniements.[56] Les retouches ne sont que de petites modifications, le plus souvent d'ordre lexical et stylistique consistant à introduire dans l'œuvre de nouvelles combinaisons de détails et d'en écarter d'autres. Les retouches peuvent avoir lieu à toutes les phases de la création poétique sans tenir compte de son degré d'achèvement ni du fait qu'elle soit publiée ou non. Les remaniements constituent des modifications de grandes étendues et des changements essentiels dans la structure de l'œuvre poétique terminée (publiée ou non).

Les retouches viennent du désir de l'auteur de parfaire l'expression de l'œuvre et ne se rapportent pas à sa conception fondamentale. Elles ne perturbent pas la construction principale de sa structure. Les remaniements, eux ont des raisons plus profondes (intérieures ou extérieures, esthétiques ou non esthétique). Le temps et les circonstances provoquent des changements chez l'artiste. Si les principales stimulations au remaniement de l'œuvre viennent des auteurs eux-mêmes – elles résultent donc d'une série de contraintes intérieures –, on aborde le remaniement d'une œuvre en doutant de la valeur des points de départ conceptuels de l'œuvre, des motifs clé et des traits fondamentaux de la structure de l'œuvre.[57] Il faut faire une différence entre le remaniement d'une œuvre (terminée) non publiée et d'une œuvre publiée. Tant qu'une œuvre n'est pas rendu publique, son achèvement pour l'auteur est relatif et (peut-être) provisoire.[58] De nombreux auteurs, y compris Flaubert, considèrent

---

[56] M. Arnaudov fait les mêmes distinctions (Mihail Arnaudov, *Psychologie de la création littéraire,* Progres, Moscou, 1970, pp. 521 et 537).

[57] Alexandre Dumas fils remaniait radicalement les drames terminés, changeant non seulement les scènes et les personnages, mais remaniant aussi le sens de l'œuvre. (Cf. M. Arnaudov, *op.cit.*,p. 246.)

[58] Flaubert donne une affirmantion intéressante de cette idée dans sa lettre à Louise Collet : « J'ai relu *Novembre* mercredi, par curiosité. J'étais la même personne qu'il y a onze ans. Je l'avais tellement oublié qu'il me semblait entièrement nouveau, mais cette œuvre n'est pas bonne. Il y a beaucoup d'exemples de mauvais goût et l'ensemble n'est pas satisfaisant. Je ne vois pas d'autres solutions que de l'écrire de nouveau : ci et là quelque bonne phrase, quelque bonne comparaison, mais pas de tissage stylistique. Conclusion : *Novembre* aura le même sort que *L'Education sentimentale*

que laisser de côté une œuvre « terminée » fait partie intégrante de leur programme de travail. Ne plus s'en occuper ne veut pas dire que le travail est terminé mais différé. Si cela est jugé nécessaire et si l'auteur en a le courage, après une certaine interruption et une prise de distance nécessaire pour évaluer de manière objective la valeur de certains traits structuraux, le travail sera repris pour apporter les corrections et les remaniements indispensables.

Bien qu'il n'y ait pas de différence essentielle dans le travail de remaniement d'une œuvre (terminée) non publiée et d'une œuvre publiée, la liberté de modification est moins grande si les solutions artistiques originales sont rendues publiques et si, par ce fait même, elles ont acquis un droit de citer sous leur forme originale. Aussi est-il nécessaire de différencier ces deux sortes de modifications. La modification apportée à une œuvre non publiée sera appelée *parachèvement* et celle apportée à une œuvre publiée *remaniement.*

2. ŒUVRE NON PUBLIÉE ET ŒUVRE PUBLIÉE

On ne peut pas aborder une œuvre non publiée (sur ordre de l'auteur) avec des exigences et des critères de valeur aussi sévères que pour une œuvre publiée. Seule l'œuvre publiée, sur ordre de l'auteur, doit défendre son rang privilégié dans la poésie, elle doit défendre seule devant la critique le fait privilégié d'être considérée comme une création artistique. Par le fait même d'être publiée, elle décide d'occuper un rang dans l'art et s'engage à garder et à défendre ses valeurs artistiques.

Une œuvre terminée et (par ordre de l'auteur) non publiée – même si on lui donne le rang d'une œuvre artistique – n'est pas responsable de ses imperfections éventuelles, et n'est tenue de défendre ni son rang, ni son niveau artistique, puisqu'elle a obtenu, pour ainsi dire par contrainte, un statut dans l'art.

C'est pourquoi justement le parachèvement d'une œuvre (terminée) non publiée constitue une conséquence naturelle de son statut, et le remaniement d'une œuvre déjà publié, un acte inaccoutumé. En réalité, une œuvre non publiée a été mise à l'écart du public pour pouvoir se présenter à lui après des préparatifs supplémentaires. Elle s'attendait à subir soit une vérification ultérieure, soit une reconstitution ou un parachèvement, soit, au pis aller, une destruction.

Le remaniement d'une œuvre publiée, même poussé par des raisons esthétiques nobles, constitue une atteinte aux valeurs de l'œuvre : un préjudice est porté à une œuvre destinée à l'éternité. Une œuvre poétique non publiée ne peut pas faire l'objet d'une critique en tant que création artistique légitime. La

---

et restera pour toujours dans mon fascicule. Quel flair j'avais dans ma jeunesse de ne l'avoir pas fait publié ! » (René Dumesnil, *op.cit.,* p. 103).

reconstitution d'une œuvre non publiée fait partie intégrante de son évolution naturelle vers une création artistique. Cependant une œuvre poétique publiée et la même œuvre remaniée ont un statut artistique. Aussi, la création originale comme sa dérivée en tant que création légitimes peuvent faire l'objet de la critique. Vu que les deux branches font l'objet légitime de la critique, le type de version de l'œuvre poétique publiée constitue un domaine utile de recherche critique. C'est pourquoi ce travail sera consacré à l'étude des versions des œuvres publiées.

3. RAISONS DU REMANIEMENT D'UNE ŒUVRE

Les raisons qui poussent un poète à revenir sur une œuvre publiée sont nombreuses et très complexes. La décision de remanier une œuvre poétique possédant une forme artistique et déjà publiée, résulte d'une certaine contrainte intérieure et (ou) extérieure. Le remaniement s'opère le plus souvent après une pause relativement longue, le poète et l'environnement dans lequel il crée ayant évolué dans le temps.[59]

Pour que l'exposé soit clair nous sommes obligés d'examiner séparément les raisons intérieures et extérieures, esthétiques et non esthétiques, évidentes et dissimulées qui poussent au remaniement d'une œuvre poétique, bien que tous ces facteurs associés constituent en fait la raison réelle du remaniement. Lorsqu'on considère séparément un de ces facteurs, on pense alors que celui-ci a pu avoir une influence prédominante sur la décision de l'auteur.

En règle générale, il n'est pas facile de se décider à remanier une œuvre publiée surtout lorsqu'elle est grande et complexe. Si, toutefois, on se met au travail, les raisons sont sérieuses et concernent directement ou indirectement la personne même de l'auteur. D'où qu'ils viennent , des autres ou de l'auteur même, les doutes sur la valeur du produit de l'artiste menacent les valeurs intellectuelles de l'auteur, sa tranquillité d'âme créatrice.

Sans tenir compte du fait que l'auteur, lors de la création de la nouvelle version, touche le sens profond de la première acquisition créatrice, la publication de la seconde version de l'œuvre remet en question la valeur de la première version. La « bonne » réputation d'une œuvre commence à ternir, la négation vient d'où on s'y attendait le moins : de l'auteur. En remaniant le produit de sa première entreprise artistique, l'auteur risque d'ébranler « la valeur » reconnue à sa première idée créatrice. Il est naturellement conscient du risque, mais il

[59] Wordsworth a remanié son poème *The Prelude* 45 ans plus tard ; Manzoni a remanié ses *Fiancés* seize ans plus tard ; Flaubert *L'Education sentimentale* 24 ans plus tard, Gottfried Keller a remanié *Heer grüne Heinrich* 25 ans plus tard, Léonid Léonov *Le Voleur* 30 ans plus tard, et Mihailo Lalic *La Montagne gémissante* 5 ans plus tard et *La Rupture* plus de 14 ans après.

s'attend à dépasser, par un nouveau processus créateur, l'ancien résultat artistique, et à regagner « confiance » en son art.

L'évaluation de la valeur d'une œuvre poétique, étant subjective, elle ne constitue pas pour l'auteur non plus une grandeur constante. Partant d'un autre temps, d'une autre position idéologique, esthétique et psychologique, l'auteur évalue autrement sa propre œuvre.

Une réception inadéquate de l'œuvre par les lecteurs exerce une forte influence sur le jugement de la valeur de l'œuvre. Que l'atteinte portée à la valeur de l'œuvre vienne de l'extérieur ou de l'intérieur, l'image subjective que l'auteur se fait de la portée artistique de l'œuvre perd sa force de persuasion. Pourtant des évaluations plus objectives de l'œuvre auraient pu confirmer une opinion positive.

Le jugement de la valeur artistique d'une œuvre évolue avec le temps aussi bien chez l'auteur que chez les lecteurs. Faute de « bonnes » œuvres on peut, à un moment donné et dans un milieu social et culturel déterminé, désigner une création comme réussie. On peut aussi par la suite enlever, à une époque plus riche en œuvres (plus mûres et plus acceptables), le mérite excessif qu'on lui avait trouvé au départ. Partant de la conception d'Eliot sur le changement d'ordre de valeurs des œuvres artistiques, nous pourrions dire que, pour l'auteur comme pour les lecteurs, chaque nouvelle création dans une famille d'œuvres de même langue provoque une fluctuation de valeurs des œuvres publiées et d'un auteur en particulier. Il arrive qu'une œuvre antérieure perde sa supériorité. Cette perte de valeur au moins provisoire, peut pousser l'auteur à vouloir améliorer et remanier l'œuvre dans le désir de l'actualiser, de l'adapter à la nouvelle position idéologique et esthétique ou aux goûts à la mode.

Les raisons du remaniement d'une œuvre que nous avons appelée dans le passage précédent « facteurs extérieurs de contrainte » viennent des différentes couches de lecteurs.

Si les lecteurs (public non professionnel)[60] refusent de reconnaître à une œuvre poétique sa valeur espérée, alors l'auteur, sensible à leur opinion, cherche les causes de rupture du processus de communication dans la relation lecteurs – œuvre. Pour l'auteur, les causes de ce refus peuvent se trouver (1) dans l'œuvre, (2) chez les lecteurs, (3) aux deux pôles de cette relation. Cependant, partant de la position (subjective) des lecteurs, la raison du refus se trouve toujours dans l'œuvre. Elle est pour eux (1) compréhensible, mais d'après leurs critères, sans qualités artistiques sérieuses. (2) L'œuvre peut aussi être réussie du point de vue artistique, mais ne pas être conforme aux critères idéologiques,

---

[60] « La plupart des œuvres artistiques sont acheminées consciemment ou inconsciemment vers une critique professionnelle » (Ernst Kris, *Recherches psycho-analytiques dans l'art,* Kultura, Belgrade, 1970, p. 58).

moraux, religieux (et autres critères non esthétiques qui sont essentiels, selon les points de vue des lecteurs, pour la compréhension et l'évaluation des œuvres artistiques). Enfin, (3) l'œuvre est incompréhensible et par là même inacceptable pour les lecteurs. Lorsqu'il s'agit de ce troisième cas et que l'auteur est conscient de ces difficultés sans toutefois douter du bien-fondé esthétique d'un tel système de signes communicatifs, il « attend » que le public « mûrisse », tout en réservant son œuvre à « l'avenir ». Mais si l'auteur tient à tout prix à rétablir la communication avec un lecteur contemporain, il doit faire des compromis, aller au devant des demandes de cette sorte de consommateurs, essayer de communiquer son esthétique poétique par un système de signes simplifié. Il y réussit de temps en temps ; en démocratisant son appareil d'expression, l'écrivain garde, ou ne diminue guère sensiblement les valeurs esthétiques de l'œuvre.

Quand les lecteurs ne comprennent pas l'œuvre de la même manière que l'auteur, ils arrivent à une fausse image de l'œuvre, ce qui provoque différentes sortes de malentendus et amène à penser que l'œuvre n'a guère de valeur. A ce moment là, l'auteur procède à l'exégèse dans des commentaires, une préface ou un épilogue. Quelquefois, il fait des concessions au lecteur en intervenant dans l'œuvre afin que les ambiguïtés soient levées.

Lorsque le poète présente son œuvre, la critique et le public non professionnel ont une influence sur sa position à l'égard de l'œuvre.[61] D'autre part, on ne doit pas sous-estimer les premiers efforts que le poète a faits pour adapter les singularités de sens et d'expression de l'œuvre au goût du public et à ses possibilités de réception.[62] Les concessions à un public large sont notamment manifestes dans les œuvres destinées au théâtre où les réactions sont unanimes et immédiatement visibles.[63]

Si le poète néglige le goût du public et ses possibilités de réception, s'il veut lui tenir tête, son œuvre ne sera pas bien accueillie par celui-ci. Le silence du public est un signe d'opposition retenue, ce qui constitue une invitation indirecte au remaniement de l'œuvre. Si toutefois le poète remet

---

[61] Anton Trstenjak (d'après E. Surio) mentionne cet exemple : « Gautier a ajouté « un dénouement heureux » dans son *Capitaine Fracasse* parce que l'éditeur le désirait ; il prévoyait de vendre 3000 exemplaires de plus » (A. Trstenjak, *La Psychologie de la création artistique,* SAZU, Ljubljana, 1953, p. 44).

[62] En rédigeant la version cinématographique de *Suddenly Last Summer* de Tennessee Williams, Joseph Mankiewicz a transformé la fin du drame en une sorte de happy end, couvrant ainsi la vision primordiale tragique de Williams. La version du film va au devant du désir de nombreux spectateurs qui cherchent dans le film un appui psychologique à leur rêve d'existence meilleure. (Nikola Milochevitch, *Idéologie, psychologie et création,* Duga, Belgrade, 1972, pp. 35-39.)

[63] L'exemple de l'écrivain bulgare Ivan Vazov certifie qu'une œuvre dramatique est plus susceptible d'être remaniée qu'une œuvre narrative : « Vazov retourne souvent à ses drames (et non à ses romans), à leurs premières rédactions et les soumet à une transformation fondamentale. » (M. Arnaudov, *op.cit.,* p. 547).

vindicativement en question les valeurs et les intérêts du public, alors les voix qui attaquent l'œuvre sont accompagnées d'actes répressifs qui peuvent menacer sa liberté personnelle et modifier l'essentiel de son environnement créateur. L'œuvre sous une telle forme peut être remise en question ou elle peut être détruite si elle s'attaque à des couches privilégiées et puissantes du public.

Les lecteurs non professionnels réagissent (et d'une manière plus violente) contre des solutions inacceptables du point de vue du sens de l'œuvre plutôt que du point de vue des singularités formelles (surtout si ces singularités par leur manque de transparence ou par la concentration de nouveautés expressives ne constituent pas un obstacle à la compréhension de l'œuvre). En règle générale, la critique professionnelle aborde plus souvent l'œuvre poétique et réagit à tous ses éléments. Ainsi Ernst Kris dit : « Lors de la troisième lecture, le contenu est de peu d'intérêt (...) Les caractéristiques relatives à la forme revêtent alors plus d'importance et on se pose la question de savoir comment l'auteur a procédé. Si cette question est posée de manière consciente, nous sommes confrontés aux réponses de connaisseurs ou de critiques... »[64]

Les auteurs aux attitudes et critères indécis sont souvent portés aux compromis avec le public. Et si, au cours de leur procédé créateur, avant la publication, ils n'ont pas su aller au devant du public, ils le feront plus tard par le remaniement (des éléments insuffisamment appréciés, sous-estimés ou non acceptés).

Les concessions des poètes novateurs face aux goûts de leurs contemporains sont plus rares. Ils écrivent, comme le dit Diderot, « pour les générations futures ».[65] Et pourtant, selon Ernst Kris, « Les recherches psychanalytiques dans le domaine de la création artistique ont fortement prouvé l'importance du public pour le processus de la création : l'idée de public se manifeste toutes les fois où il y a création artistique ; bien que l'artiste puisse attribuer ce rôle à une seule personne réelle ou imaginaire (...) l'aspiration (de l'artiste) ne doit pas être orientée vers l'approbation de nombreuses personnes, mais vers un succès auprès de certaines. La reconnaissance témoignée par un bon accueil est essentielle pour confirmer leur confiance en leur propre œuvre et rétablir l'équilibre peut-être troublé par le processus créateur. Le succès auprès des autres soulage l'artiste de son sentiment de culpabilité. »[66]

Quels que soient l'aspect et l'intensité des difficultés et des interruptions dans la communication espérée entre l'auteur et ses lecteurs, qu'il s'agisse d'un accueil insuffisant, d'une résistance ou d'une interprétation de l'œuvre qui ne

---

[64] Ernst Kris, *op.cit.*, p. 59.

[65] D'après Souriau, citations de A. Trstenjak, *op.cit.*, p. 42 (« Ils écrivent pour la génération suivante »).

[66] E. Kris, *op.cit.*, p. 62.

correspond pas à celle de l'auteur – de tels jugements défavorables sont ressentis comme dirigés contre la création artistique, partie intégrante ou substitut de l'auteur. ».[67]

Les obstacles extérieurs réels ou potentiels à la réception espérée de l'œuvre poétique (incompréhensions, malentendus, oppositions, pressions) sont des chocs qui à travers la création touchent le créateur dans lequel on peut difficilement séparer l'artiste de l'homme.[68] Ainsi l'extérieur s'intériorise rapidement, et les formes de réactions psychiques et créatrices – aux pressions et contraintes extérieures et intérieures – donnent chez le même artiste des effets et des réponses créatrices semblables.

Puisque les facteurs de réactions extérieures exercent aussi une influence sur l'intériorisation, il faut envisager les réponses créatrices du poète aux réactions extérieures et intérieures, sans tenir compte d'où viennent (des autres ou du poète même) les premières attaques contre les solutions artistiques existantes.

Cependant, avant d'envisager ces réponses, il faut avoir une vue globale sur l'ensemble des raisons intérieures du remaniement.

Lorsque le poète se sépare un certain temps de son œuvre terminée et publiée, il commence lui-même à la regarder de l'extérieur. Il devient le lecteur de son propre produit. Ce regard extérieur peut lui assurer une image artistique évidemment différente de celle recherchée et vue de « l'intérieur » au cours du processus créateur.[69] De ce point de vue, il trouve lui-même des significations inattendues soit parce qu'elles sont involontaires, soit parce qu'elles sont volontaires, mais plus fortes et plus belles qu'il ne le pensait. Puisque au cours du premier processus créateur pour chacun des traits structuraux s'offraient de nombreuses solutions parallèles dont il devait se priver, ces solutions continuent d'exercer une pression, cherchant à rattraper le droit perdu. Par un feu caché elles rongent l'artiste (que cela soit justifié ou non) qui, aveuglé, ne voit plus les vraies valeurs des solutions acceptées.

Les hésitations, les incertitudes et les indécisions auxquelles succombent les plus grands au cours du premier processus créateur, se transforment, une fois

---

67 *Ibid.*, p. 63.

68 « L'attitude de l'artiste à l'égard de son œuvre est complexe et sujette à de nombreuses variations. Dans les cas typiques l'œuvre fait partie de la personnalité et devient même plus importante que la personne. Le narcissisme s'est transféré de la personne à l'œuvre. Si ce processus dure plus longtemps que le processus de la création, le travail acquiert une place définitive dans la vie de l'artiste ; à la rigueur il lui sera difficile de se séparer de ce qu'il a créé. » (E. Kris, *op.cit.*, p. 62).

69 E. Kris dit à ce sujet : « Pour l'artiste le public n'est pas indispensable et ne constitue pas un juge vers lequel il projette son *super-ego*. Il se met aussi à la place du public et s'identifie dans l'*ego* (et le *super-ego*) avec son public (...) Lorsque l'artiste crée, en pleine inspiration, il ne fait qu'un avec son œuvre quand il envisage le produit de son impulsion créatrice, il le regarde de l'extérieur et participe en tant que premier public à ce qui a été créé par la voix ». (*op.cit.*, p. 63 ; Br. Popovic souligne certains mots marqués en italique).

l'œuvre publiée, en drame personnel.[70] Les crises de conviction par rapport aux valeurs artistiques d'une œuvre sont renforcées par un sentiment de culpabilité : les imperfections deviennent un fait public compromettant (laissées à la merci, à l'envie et à l'humeur des autres), que les rectifications éventuelles peuvent rendre encore plus évidentes.[71]

Mais lorsque cette lutte contre les imperfections de son œuvre survient immédiatement après la publication de l'œuvre, les conséquences de ce règlement de compte parviennent avec du retard jusqu'à l'opinion publique – dans une édition nouvelle remaniée ou réécrite –, de sorte qu'on a souvent la fausse impression que les modifications sont dues à l'évolution de la poétique, du goût ou des opinions que le temps impose aux poètes. A vrai dire, le drame de l'écrivain face à son œuvre s'intensifie et se prolonge, de sorte que les effets des réactions directes se mêlent aux effets de l'évolutions de sa poétique et de sa vision des choses de la vie.

Il existe une tension retenue du matériel vers l'expression qui, lorsque la discipline conceptuelle du travail de l'auteur est relâchée, commence à offrir la participation de ses possibilités de réserve. Au lieu de corrections « compromettantes » et risquées, un procédé plus acceptable s'offre à l'auteur : l'enrichissement de l'œuvre par ajouts.[72]

Certains poètes font corps avec leur œuvre, vivent avec elle, en se demandant sans cesse après sa publication s'ils ont trouvé la meilleure solution. Tout ce qui, avec le temps, remue, change et mûrit chez le poète, se reflète aussi dans les anciennes (mais toujours présentes) créations de son esprit. Dans les œuvres se produit une effervescence structurale, une compétition entre les solutions potentielles et celles déjà acceptées jusqu'à ce que les anciennes solutions perdent finalement la confiance de l'auteur.

---

[70] Il existe des indices qui amènent à penser que Tolstoï, génial dans ses moments de crise créatrice, doutait de son talent ! (Pavel Medvedev, *Dans le laboratoire de l'écrivain,* L'Ecrivain soviétique, Leningrad, 1971, p. 159).

[71] Boris Parent parle du complexe et des souffrances dues à une expression incomplète et aux issus possibles du texte « La métaphysique des mots » : « Peut-on être sûr qu'il n'y ait pas de différence entre ce que l'écrivain a réussi à exprimer par des mots et ce qu'il voudrait peut-être en dire ? (...) Justement l'écrivain ressent plus tard un certain regret, une certaine inquiétude, il retourne, souvent trop tard, à ce dont il n'est pas satisfait, mais qu'il a dit et publié. Il y a dans la vie des écrivains – Racine, Gogol, Rimbaud – de nombreux exemples de ce sentiment de honte, de responsabilité et de malaise. Ce sentiment est quelquefois si fort qu'il détourne à jamais l'écrivain du désir d'écrire. On ne progresse que si l'on se résigne à accepter que la pensée n'est qu'approximative. Chaque jour donne l'occasion d'approfondir sa propre pensée, de préciser son propre vocabulaire. Pourvu qu'on ne se décide à écrire un seul livre jusqu'à sa mort. On sait bien qu'on écrit la même chose à nouveau, chaque fois, et ce qui est écrit la dernière fois n'est pas tout... » (*Knjizevnost,* 12, 1972, pp. 577-578).

[72] Miroslav Krleza a ajouté un acte entier à son drame *En agonie.* – Cf. « La variante de la fin du deuxième acte et le troisième acte » dans le livre *Les Glembajevi,* Zora, Zagreb, 1966, p. 431.

Parfois il ne s'agit pas du besoin de retoucher des imperfections éventuelles, mais d'une forme spécifique démodée, la forme et le sens usés de certaines solutions qui ne reflètent ni pour l'auteur, ni pour ses lecteurs (dont la sensibilité est modifiée par le temps) l'orientation esthétique et la valeur d'autrefois.

Certains écrivains sont perpétuellement possédés par le « démon du remaniement » (Flaubert, Henry James, Lalic).[73] Bien qu'elles soient arrivées à maturité (après achèvement et publication), leurs œuvres doivent se présenter régulièrement à l'atelier de l'auteur pour y subir un contrôle, une épreuve de repêchage. [74] C'est comme s'ils considéraient leurs œuvres comme des versions temporaires, comme des projets qui n'ont pas reçu la touche finale et qui sont offerts au public dans le but de recueillir – à travers les discussions des lecteurs – de précieuses raisons supplémentaires pour la sauvegarde, le remaniement ou la suppression de structures de l'œuvre, structures labiles selon l'auteur.[75] Les versions de tels auteurs constituent le produit naturel d'une technique de travail, d'une poétique et d'une esthétique. Elles constituent le produit de la nécesité intérieure du poète de se rapprocher sans cesse de l'idéal poétique, de son devoir d'éliminer les imperfections remarquées et finalement du droit légitime de corriger – avec de nobles intentions – les produits de son esprit.[76]

---

[73] « L'esprit de mécontentement est celui qui des profondeurs mystérieuses soulève, come les fleurs bizarres de la mer, des formes toujours nouvelles et toujours rejetées.(...)
La conscience pour l'artiste n'est rien d'autre qu'une confrontation de son œuvre – les esquisses alternées et la forme définitive – avec le démon infatigable des modifications.
L'écrivain dépose sa plume, se contemple, contemple son œuvre interrompue, constamment tenté de la recommencer ; son œuvre inachevée, constamment tenté de la détruire ; son œuvre achevée, constammment tenté de nier son achèvement. Il existe une seule façon de chasser ce démon des modifications (...) Lorsque l'heure est venue aux « œuvres complètes », les écrits de jeunesse prennent à nouveau la forme promettante et fascinante du possible, et nombreux sont des écrivains qui cèdent à la tentation. La publication reste la seule issue contre l'enivrement des modifications. » (Gaetan Picon, *Introduction à une esthétique de la littérature.* Traduit en serbe dans le livre *Pisac i njegova senka (L'écrivain et son ombre),* Belgrade, 1965, pp. 16-17).

[74] Il semble que Mesa Selimovic apartienne à ce type d'écrivains. Il le confirme par la déclaration suivante : « Au début de l'année 1961 j'ai signé un contrat avec la maison d'édition Svjetlost à Sarajevo (...), contrat disant que je lui remettrais le 1er mai cette année-là le manuscrit *Les Silences,* mais j'ai exigé qu'une clause inhabituelle soit introduite dans le contrat, à savoir que je payerai une peine en argent pour chaque jour de retard. Je voulais me forcer de remettre le manuscrit à temps, autrement je l'aurais remanié jusqu'au dernier jour. » (Les critiques parlant de Mesa Silimovic, du chapitre « Souvenir », Svjetlost, Sarajevo, 1973, p. 346, souligné par Br. Popovic).

[75] Mesa Selimocic fit publier comme prévu son roman *Les deux à l'île* dans une revue, car, comme il desait, « je veux voir la réaction des amis, du public. Dans le roman *Le derviche et la mort* je n'ai rien changé, mais s'il y a ici des remarques justifiées, peut-être que plus tard je changerai quelque chose dans le livre ». (*Vecernje novosti (Nouvlles du soir)* le 19. 08. 1973). Lorsque ce travail fut terminé, le roman avait déjà changé de nom. Il a été publié sous le titre *L'île.* – Voir la note suivante (76.(5)).

[76] Mesa Selimovic, prié de commenter du point de vue de son expérience créatrice la problématique des versions d'une œuvre poétique, c'est-à-dire de répondre aux questions :

L'auteur se sépare plus profondément de son œuvre lorsque, après une période relativement longue, il dépasse et abandonne (dans la plupart des cas) certaines positions clé du point de vue technique, poétique, esthétique, ainsi que certaines conceptions du monde et de la vie – à partir desquelles il a créé ses « premières » œuvres, ses œuvres « de jeunesse ». Presque tous les poètes sont sujets à l'évolution de la conception de l'art et du monde ainsi qu'à l'évolution de l'art poétique. Les réactions contre les produits d'une pensée et d'un comportement artistique abandonnés et dépassés (selon l'auteur) dépendent de nombreux facteurs mais surtout du tempérament, de l'orientation esthétique et des capacités de travail de l'auteur. Certains acceptent la devise de Hugo selon laquelle les nouvelles œuvres pallient aux imperfections des précédentes. D'autres se satisfont de petites retouches d'une édition à l'autre. Une troisième catégorie remue de fond en comble les œuvres écrites (à partir de leur credo d'autrefois). Enfin, une dernière catégorie renie ses œuvres, les

---

(1) Est-il justifié du point de vue artistique de remanier des œuvres publiées ?
(2) L'acte poétique est-il ou non renouvelable ?
(3) Quelles sont les raisons du remaniement des œuvres poétiques ?
(4) Accepte-t-il l'opinion de Kasim Prohic que *La Forteresse* est une sorte de version des *Silences ?*
(5) Les réactions du public et des critiques exercent-elles une influence sur son art et écrit-il pour ses contemporains ou pour leurs descendants ?
(6) La version définitive d'une œuvre poétique est-elle possible ?
Il a répondu ce qui suit dans une lettre adressée de Belgrade le 27 janvier 1973 à l'auteur de ce livre :
« Le remaniement d'une œuvre artistique publiée est un signe d'insatisfaction face à ce qui a été obtenu. Je ne l'ai fait qu'une fois avec le roman *Les Silences* et je pense que cela est superflu et inutile.
2. Le plus difficile est d'arriver à une concentration intérieure indispensable à la création d'une œuvre artistique. Il est presque impossible de la reproduire plus tard. C'est pourquoi il est difficile de réaliser par un remaniement ultérieur la spontanéité de l'acte artistique.
Le remaniement est probablement une preuve que la première version n'était pas mûre dans l'imagination de l'artiste.
3. Chez certains artistes la crispation et la peur d'un essor libre peuvent être présentes au début de leur création artistique. Une liberté intérieure qui vient souvent avec le travail, débloque les entraves et permet de maîtriser largement et profondément un motif.
Quand cela lui arrive l'artiste peut concevoir avec regret le motif précédent non utilisé. Il peut y revenir avec une plus grande confience dans ses possibilités créatrices. De tels créateurs sont près à envisager de manière critique leurs propres œuvres.
4. L'opinion de Kasim Prohic sur *La Forteresse* et *Les Silences* est certainement intéressante, bien qu'elle soit pour moi difficilemetn acceptable. La constante du motif – retour de la guerre du parsonnage principal – a dû influencer Prohic.
5. Dans l'impossibilité d'entendre l'opinion d'un grand nombre de lecteurs avant de publier une œuvre, je me fie à l'opinion de mes amis. S'ils étaient tous d'accord pour dire qu'une œuvre n'est pas bonne, je ne la ferais sûrement pas publier.
Je n'écris que pour mes contemporains.
6. Si nous ne sentons pas qu'il est nécessaire de changer quoi que ce soit dans une œuvre, alors il s'agit peut-être de la version définitive. Pour moi c'est le cas du roman *Le derviche et la mort.* »

éloignant de sa création. Dans les cas les plus dramatiques l'écrivain déçu par son œuvre (ancienne ou par celle sur laquelle il est en train de travailler) essaie de la détruire physiquement ou abandonne l'écriture pour toujours.[77] Certains écrivains sont résolument contre tout remaniement et refusent de traiter d'anciens motifs. Ce n'est pas seulement le point de vue des romantiques (Hugo, Lamartine), partisans de l'inspiration ou de la prophétie, mais aussi celui de certains écrivains contemporains ayant des sensibilités nouvelles. Les plus radicaux, de ce point de vue, doutent de l'éthique de ceux qui abîment leurs textes anciens par le remaniement.[78] Nous trouvons parmi nos écrivains des adversaires du remaniement,[79] cependant d'autres écrivains (étrangers ou

---

[77] On sait que Torquato Tasso « voulait par sa nouvelle œuvre détruire tout ce qu'il avait écrit auparavant ». (Lihacov, *Textologie,* Naucna knjiga, Belgrade, 1966, p. 49.)

[78] Voir d'avantage là-dessus chez M. Arnaudov, *op.cit.*, pp. 537-538.

[79] a) Branimir Cosic le dit de manière plus expressive dans l'épilogue de son livre *Comme des eaux écoulées* (SKZ, Belgrade, 1933, Savremenik (le Contemporain), III, 12). Il tient au principe de Victor Hugo : « Par les nouveaux livres, il faut pallier aux échecs des précédents ».
b) Oskar Davico (qui en ajoutant à la tetralogie prévue des *Travaux forcés* une cinquième partie – le roman *Pays natal* – a fait, par ce « parachèvement », une version imprévue de la première conception !) dit également dans une interview qu'il n'écrit pas des œuvres déjà écrites : « Je n'ai jamais eu le désir de retenir le cours du temps à la façon de Lamartine, ni été tenté de reconstruire ce qui s'est déjà écoulé. Je ne l'ai peut-être pas toujours su, mais je sentais depuis toujours qu'il était impossible de se baigner deux fois dans la même rivière d'impulsions (extérieures et intérieures), qu'il était illusoire de plonger dans les eaux de la même concentration de dispositions, d'espoirs, de désirs, de sentiments, car il n'existe pas de telles eaux. » (*Student,* le 7 mai 1973, p. 6). A vraî dire, dans le cas de Davico il n'est pas question de remaniements, mais des possibilités d'écrire à nouveau des œuvres perdues pendant la guerre.
c) Comme s'il suivait l'idée de Hugo et de Cosic, Danilo Kis améliore, dans chaque nouveau roman, ce qu'il n'a pas suffisamment réussi dans le précédent. Plus que ça : par une nouvelle œuvre il annule presque la précédente. Il fait sa varsion négative.
Kis lui-même le dit : « Certains critiques ont déclaré que D.K. écrivait un livre unique, en mentionnant, pour la consolation, (...) l'exemple célèbre de Marcel Proust. Les choses sont pires et ce non seulement dans la comparaison avec Proust. Il est exact que les trois livres mentionnés – *Les chagrins précoces, Le jardin, cendre, La Sablière* – se complètent peut-être dans cet ordre et paraissent ainsi disposés en une sorte de bildungsroman à double fonction, car l'évolution d'Andréas Sam tout comme celle de Danilo Kis s'y reflète. Et tout cela serait très bien, s'il n'existait pas une loi bizarre slon laquelle ses livres s'annulent mutuellement : le contenu du roman *Les chagrins précoces* se trouve dans le roman *Le jardin, cendre* ; il est donc annulé par le deuxième ; et ces deux livres sont contenus dans le troisième, *La Sablière,* et donc également annulés ! Là, aucune consolation n'est possible. Le roman *Les chagrins précoces* constitue une esquisse colorée dans un bloc-notes ; *Le jardin, cendre* est un dessin au graphite sur la toile au-dessus duquel ont été posé les couleurs sombres, denses et pateuses de *La Sablière.* Elles couvrent les contours dessinés au graphite, et les esquisses du bloc-notes ont perdu leur sens et leur importance ». (*Ideja,* Belgrade, 1974, pp. 155, 156).

non) n'hésitent pas à souligner la nécessité du parachèvement et les avantages du remaniement.[80]

[80] a) Mihailo Lalic a choisi, dans sa pratique romancière, d'écrire en versions. Il a remanié trois de ses œuvres publiées : *La Montagne gémissante, La Rupture* et *L'Èchappée de brume.*
L'auteur du présent livre a reçu à deux reprises les réponses de Lalic aux questions portant sur les versions et sur son expérience dans le remaniement du roman. Les réponses envoyées à deux reprises ont été réunies ci-dessus :
Questions :
1. Croyez-vous qu'une œuvre poétique puisse être reproduite ?
2. Est-il justifié du point de vue artistique de remanier des œuvres déjà publiées ?
3. Quel est le sens du remaniement ?
4. Il y a des écrivains qui compensent les imperfections de leurs œuvres précédentes en écrivant des œuvres nouvelles et meilleures. Pourquoi n'avez-vous pas procédé de la même façon ?
5. Quelles sont les causes du remaniement des œuvres poétiques ? La maturation du savoir faire, le dépassement des conceptions esthétiques précédentes, le changement du climat intellectuel, les réactions des lecteurs, ou quelque chose d'autre ? Qu'est-ce qui est plus efficace : la conscience de l'insuffisance de ce qui a été obtenu ou la connaisance de possibilités nouvellement découvertes ?
6. Est-ce qu'il existe une version définitive d'une œuvre poétique ?
7. Quelle est la technique du remaniement d'une œuvre poétique ?
8. La technique du remaniement diffère-t-elle du procédé littéraire utilisé dans la première œuvre ?
9. Les premières versions de vos œuvres vous gênent-elles ? Si fous pouviez les retirer et les détruire le feriez-vous et pourquoi ?
10. Ecrivez-vous surtout pour vos contemporains ou pour leurs descendants ?
Les réponses :
1. Je ne crois pas qu'il y ait des choses qui ne puissent pas être reproduites. Les œuvres littéraires comme toutes autres œuvres humaines peuvent être améliorées dans leurs détails et même dans les parties plus importantes sans que la base soit détruite. L'inspiration originale ne doit pas être trahie par les remaniements ; il peut arriver, et j'ai souvent cette impression, que des retouches aident l'inspiration à mieux se manifester.
2. Je considère que les améliorations se justifient d'elles-mêmes. L'écrivain devrait s'excuser auprès du lecteur de la première version, mais vu que l'on sait d'avance que toutes les œuvres humaines sont imparfaites, de telles excuses ne sont pas nécessaires. Je pense que le remaniement des œuvres publiées est justifié.
3. Le sens du remaniement : le désir d'égaliser lœuvre et de relever le niveau de certaines parties restées au-dessous du niveau d'ensemble, ce qui veut dire que les faiblesses ne sont remarquées que plus tard. Le remaniement vient du désir de donner à l'œuvre plus qu'on ne pouvait lui donner lors de la première rédaction.
4. Je considérais que les œuvres que je retouchais méritaient mon attention. Je les respectais, aussi bien que leurs lecteurs. C'est pourquoi je faisais tout pour qu'elles soient meilleures.
5. Les causes sont les suivantes : la conviction que l'œuvre peut être améliorée ; le désir de supprimer certaines parties qui provoquent chez l'auteur une confusion allergique (peut-être à cause d'une réaction nevrotique aux incitatations venant de la réalité) ; le constat ultérieur qu'une position adéquate n'a pas été prise dans l'œuvre ; l'impression que l'idée originale n'a pas été suivie jusqu'au bout de l'œuvre et qu'on peut y arriver avec un peut d'effort.
En général, les causes sont variées.
Tout ce que vous avez énuméré peut être la cause du remaniement. Dans un remaniement une cause l'emporte, dans un autre, c'est une autre.
6. Il existe une version définitive d'une œuvre poétique : celle que son auteur ne peut plus améliorer parce qu'il est malade ou mort.

Il semble que, dans les déclarations justifiant les remaniements des œuvres publiées, chaque poète généralise son point de vue personnel et les cas particuliers de ses œuvres, cherchant à montrer combien il est nécessaire de remanier ses propres œuvres, combien elles se prêtent à une telle intervention. Le poète veut aussi montrer sa capacité à reprendre, en faisant un nouvel effort créateur, un travail déjà terminé. Certains écrivains n'éprouvent pas le besoin de remanier les bonnes œuvres pour en faire de « meilleures, ni d'imposer à leur œuvres (non conformes à leur credo actuel) une autre orientation de forme et

---

A la question de Vidosav Stevanovic : « Considérez-vous qu'il existe une version définitive ou tout ce qui est écrit, si important soit-il, n'est qu'une forme tolérable d'une perfection non atteinte ? » Lalic répond : « La version définitive n'existe pas. Chaque livre peut être amélioré jusqu'à un certain point où les modifications commencent à l'altérer. L'inconvénient est qu'il n'est pas facile de déterminer ce point-là. Il y a des exemples où les grands maîtres sont allés trop loin dans leurs modifications et ont abîmé des médaillons parfaits. (...) En principe, comme vous le dites, tout ce qui est publié n'est que la forme tolérable d'une perfection non atteinte ». – Texte de l'interview donnée à *Knjizevna rec*, n°22, janvier 1974, page 1.

7. La technique du remaniement dépend de ce que l'on veut obtenir. Ou on barre toutes les phrases qui ne sont pas valables et on en écrit d'autres ; ou bien on ne barre que certains chapitres ou la fin des chapitres, certains passages, on se rend compte de ce qu'on a voulu écrire, et on l'écrit.

8. Il y a une différence entre écrire et modifier : il est plus facile de modifier. On n'introduit des midifications que dans les parties où l'on a trouvé de meilleures solutions.

9. Les primières versions me gênent. J'aimerais les voir disparaître. En ce sens j'ai fait ce que j'ai pu en publiant une nouvelle version. L'auteur a le droit de retirer l'œuvre publiée et d'interdire sa reproduction. C'est ce qu'il fait en partie avec sa deuxième version.

10. J'écris surtout pour mes contemporains. Je ne suis pas persuadé que nos descendants liront des livres et qu'ils liront justement les nôtres. » (Fragments des deux lettres de Lalic envoyées de Herceg Novi : la première du 12 janvier 1974 et la seconde du 7 février 1975).

b) Milos Tsernianski (partant de son expérience) donne des arguments pour ou contre les modifications du texte publié :

« Etant donné que les poésies entrées dans *Itaka* n'étaient qu'un galimatias de la censure, de l'imprimeur et de l'éditeur, l'écrivain a donné ci et là une meilleure orthographe et a corrigé les erreurs évidentes d'impression. L'auteur n'a procédé qu'à une seule modification dans le texte de *Itaka* et ce pour des raisons littéraires : licence poétique habituelle dans de telles éditions. Il a supprimé la dernière strophe dans le péan, sous le titre « Salut ». Avec une partie finale stupide et déformée le « Salut » se trouve dans l'original (?) à la page 21 de la *Lyrique de Itaka* dans l'édition de Cvijanovic.

La prose introduite dans cette anthologie doit s'y trouver en tant que commentaire, outre les nouveaux commentaires écrits par l'auteur dans cette édition pour le lecteur actuel.

Peut-être qu'aucun poète, après quarante ans ne répèterait dans ses vers ce qu'il avait écrit. Mais je n'ai jamais renié mes poésies ni celles-ci ni les autres.

Ce que j'ai écrit, je l'ai écrit.

« La poésie est une religion sans espoir », dit Cocteau.

Londres, juin 1958. »

(Milos Tsernianski, *Itaka et commentaires,* Prosveta, Belgrade, 1959, p. 291.)

Il y a lieu d'ajouter ici notre commentaire – commentaire « des commentaires ». La prose que Tsernianski appelle commentaire et pour laquelle il dit qu'elle revient (ici) dans la poésie, n'est qu'une version de la lyrique qu'il continue d'écrire et d'une certaine manière de renouveler, de compléter et d'expliquer.

de sens, même si elles sont de par leur orientation adoptée, insuffisamment conformes à leur évolution, aussi sérieuse soit-elle.

Même les critiques ne sont pas unanimes quant au bien fondé du remaniement des créations poétiques. Bogdan Popovic disait que les versions n'étaient pas justifiées du point de vue esthétique. S'inspirant de Macaulay et de Hugo, il donne l'exemple, outre la version du poème analysé de Jovan Ducic, des entreprises manquées « du plus grand parmi les plus grands ». Selon lui, « une œuvre artistique naît d'un épanchement », « au moment de « l'incandescence » de l'imagination et des sentiments » et il est impossible d'être dans cet état d'esprit lors du remaniement.[81] Il faut pourtant faire la différence entre la naissance d'une poésie lyrique (à partir de laquelle Bogdan Popovic tire des conclusions en mentionnant la naissance instantanée et « l'incandescence de l'imagination et des sentiments ») et la naissance des créations poétiques plus longues qui sont, dans un processus primaire, écrites et remaniées durant des années.[82] Au cours de ce long processus créateur, il existe en réalité de nombreux moments d'exaltation poétique et d'enthousiasme, mais aussi – et il faut le souligner – des changements d'orientation fréquents de ces exaltations, une exaltation de sens différent (voire contraire) en remplaçant une autre.[83]

La pensée théorique n'a pas pour tâche de mettre fin aux dissonances des opinions individuelles et des contradictions ni de procéder à l'établissement d'un compromis, car il n'existe pas de compromis ; il ne peut pas y en avoir dans l'art du remaniement, comme il n'y en a pas dans l'art de donner une forme primaire à la création poétique.

Bien qu'on ait l'impression que les retouches et les remaniements d'une œuvre poétique reconnue par l'opinion publique constituent la tentation humiliante d'une épreuve de repêchage, le procédé refait n'est pas un acte esthétique négatif, ni en tant qu'activité artistique projetée ni en tant qu'activité artistique réalisée. Il est compréhensible et légitime (du point de vue esthétique et éthique) que le poète reconnaisse ne pas avoir atteint la perfection et qu'il s'efforce de s'en rapprocher dans une tentative répétée.[84]

---

[81] Bogdan Popovic, *Une analyse critique* (de la deuxième version de la poésie *Soleil* de Ducic), *op.cit.*, pp. 224 et 226.

[82] En ce qui concerne les créations lyriques, le facteur conscient de l'esprit créateur n'est pas entièrement passif. Gaétan Picon en parle : « Il n'est pas exact que la création du début à la fin, est un phénomène retenu et obscur. (...) Il n'est pas exact qu'il existe deux sources pour l'art (...) Il y a des œuvres dans la création desquelles la conscience intervient constamment comme une sorte d'activité de contrôle. (...) Sans doute ce n'est pas la conscience qui guide la main qui découvre, mais qui dirige la main qui efface, ajoute et change les détails et l'équilibre. Elle ne donne pas mais modifie ce qui est donné (Gaétan Picon, *op.cit.*, pp. 15-16).

[83] L.N. Tolstoï a écrit en six ans six versions des *Résurrections ;* et après la publication de l'œuvre il avait l'intention d'écrire la suite. (Cf. M. Arnoudov, *op.cit.*, pp. 544-545.)

[84] A une exposition d'art plastique de Franc Mihelic, peintre slovène, j'ai remarqué un cas intéressant de versions d'œuvre artistique (Galerie de la Maison de l'Armée yougoslave populaire,

Le remaniement d'une œuvre poétique publiée – motivé par des raisons artistiques – est en principe un acte positif. C'est l'effort d'un art qui tente de se dépasser. En cédant les bases de ses valeurs, il projette sur son sosie un concurrent n'utilisant rien d'autre que l'effort du poète. La dérivée est conçue dans le but de dépasser l'art de la création originale pour l'écarter et la remplacer. Cependant, si la dérivée n'atteint pas le but espéré, la création originale publiée reste indestructible et garde sa valeur.

Belgrade, du 5 au 26 juin 1973). Il présentait le même motif, résolu du point de vue figuratif, en quelques versions les unes à côté des autres. Il réalise les versions ayant la même base figurative, de quatre manières principales : il change 1) de couleurs de base du tableau, 2) de format, 3) de technique picturale, 4) la disposition des unités (figures) plastiques. Les versions plastiques de Mihelic sont créées presque en même temps et restent en tant que possibilités plastiques parallèles et égales du point de vue artistique. Peindre en versions ne signifie pas ici améliorer par la réparation ou l'abandon ce qui est dépassé, mais rechercher des formes plastiques potentielles et adopter celles acceptables du point de vue esthétique.

V. PROBLÈMES LIÉS AU PROCESSUS CRÉATEUR

1. SINGULARITÉS DE LA SITUATION CRÉATRICE

Tout comme la naissance d'une œuvre poétique, le remaniement se fait selon un procédé créateur singulier et très complexe. La situation créatrice spécifique dans laquelle se trouvent le poète et son œuvre (soumise au remaniement) est caractérisée par les singularités suivantes : singularités de la personnalité artistique du poète dans une phase créatrice donnée, singularités de la structure existante de l'œuvre poétique et singularités des motifs psychologiques du remaniement.

Dans le procédé créateur secondaire, la personnalité artistique du poète est soumise à des facteurs psychologiques et artistiques stimulants ou limitatifs par rapport à la situation créatrice primaire.

On peut considérer comme bénéfique l'évolution de l'art et des goûts du poète (ce qui en règle générale devrait se passer avec le temps). Une prise de distance psychique et temporelle permet de mieux voir et d'évaluer plus objectivement les valeurs singulières et globales d'une œuvre et les possibilités d'insérer des nouveautés dans l'œuvre (innovations de l'artiste). Cette distance permet aussi d'arriver, en recréant l'œuvre, à des découvertes poétiques imprévues.

Mais dans le processus créateur secondaire, l'action positive des facteurs, qui stimulent la joie créatrice et l'efficacité artistique, diminue considérablement. Certains effets négatifs du procédé secondaire entraînent une baisse considérable de l'inspiration créatrice, force intérieure éruptive qui dans la première étape du processus pousse l'artiste à la création et l'incite à s'exprimer. La rédaction (seconde étape du processus créateur) qui englobe toutes les spécificités et toutes les difficultés du travail, est considérablement accentué.[85] Dans ce travail qui s'appuie surtout sur les forces créatrices rationnelles du poète, certaines qualités poétiques existantes, tendant vers l'achèvement et la perfection de la forme, peuvent en réalité se perdre. Ces qualités de par leur forme « indolente » et inachevée agissent par la fraîcheur de l'immédiateté, par la spontanéité et par la force vitale.[86]

---

[85] Sur les étapes du processus créateur, cf. E. Kris, *op.cit.*, p. 61.

[86] a) « Paul Valéry considère qu'une poésie n'est jamais terminée. Elle est toujours terminée par accident, c'est-à-dire qu'elle est donnée au public : à cause de la fatigue, des exigences de

Le fait de trouver une imperfection et de se remettre à un travail déjà fait, constitue une sorte de « frein » psychologique.

La liberté créatrice du poète est entravée par un « matériel », ayant déjà pris une forme. Ce matériel résiste au remaniement et à l'élimination. Les structures poétiques existantes ont acquis par l'acte de publication une certaine stabilité de forme (cohérence et impénétrabilité), de sorte qu'au moment du remaniement elles possèdent un niveau déterminé de validité qui leur assure devant leur créateur une certaine sécurité existentielle. La survie des anciennes solutions est favorisée par la pesanteur d'esprit du créateur, mais aussi par le respect qu'il éprouve à l'égard des lecteurs attachés à certaines réalisations poétiques et à certains passages de l'œuvre publiée.

Aux facteurs de freinage de l'essor créateur du poète il faut associer deux sortes de risques inévitables. Le premier risque provient du danger réel de provoquer, suite à l'élimination et au remaniement de certains passages, une réaction en chaîne et une rétroaction progressive sur toute la structure de l'œuvre. Autrement dit, la modification ou la « perte » de certaines structures peut entraîner la perte des valeurs poétiques d'une œuvre pourtant invulnérable pour l'auteur. Pour épargner ces dernières on renonce aux modifications prévues même si elles étaient indispensables.

Le second risque est d'ordre subjectif : le poète craint de voir son travail injustifié et de sacrifier des réalisations poétiques existantes. Une bonne création pourra-t-elle être transcendée par une meilleure ? Des solutions imposées et non planifiées ne vont-elles pas l'entraîner vers quelque chose d'incertain et d'imprévu ? Lorsqu'elle subit des remaniements complexes, l'œuvre n'arrive jamais là où elle aurait dû arriver d'après les modifications planifiées. Renoncer partiellement au remaniement, dans la mesure où seule la moitié de l'entreprise projetée est réalisée, pourrait ébranler les valeurs déjà reconnues de la création originale. L'atteinte portée à certaines structures de l'œuvre remet en question la valeur des structures restées intactes dans la mesure où ces structures inchangées ont été améliorées par l'effet d'ensemble.

---

l'éditeur, de stimulants venant d'un autre poème ; mais jamais l'état de l'œuvre (si l'auteur n'est pas fou) ne montre qu'il n'est plus possible de travailler, de lui ajouter quelque chose, de la prendre comme une première approximation ou le début de nouvelles recherches. » (Charles Braibant, *Le Métier de l'écrivain,* Ed. Corrêa, Paris, 1951, p. 115).

b) Ezra Pound dit : « Personne n'a beaucoup de poèmes qui « valent ». A tout prendre, personne ne crée beaucoup d'œuvres définitives... » (*Litterary essays of Ezra Pound,* Faber and Faber, 1954. Dans notre traduction : Ezra Pound, *Comment lire,* Matica srpska, Novi Sad, 1974, p. 17).

c) Dragan M. Jeremic parle également de l'œuvre inachevée : « Il n'y a pas d'artiste qui ne considère avoir laissé son œuvre inachevée, avoir abandonné à un point qui est loin de la perfection. Mais chacun est également conscient qu'il en est ainsi : aucune œuvre ne peut être terminée, l'achèvement la tuerait en étouffant sa fraîcheur, la force et l'élan de la première inspiration créatrice, propre aux esquisses superficielles ». (Dragan M. Jeremic, *Epoque de l'anti-art,* Kultura, Beograd, 1970, p. 54.)

Mais beaucoup de facteurs limitatifs mentionnés représentent des entraves habituelles et surmontables lors du travail artistique. Les vrais poètes échouent rarement dans l'évaluation des rapports entre les facteurs stimulants et limitatifs d'une situation créatrice donnée. Leur décision d'aborder les transformations les plus complexes de l'œuvre poétique constitue une preuve de leur conviction dans la prédominance des facteurs créateurs stimulants. Si l'on procède au remaniement sans être convaincu de sa réussite et de sa légitimité, il s'agit alors d'une motivation (extérieure ou intérieure) d'ordre esthétique. Si le résultat de l'intervention est utile à l'œuvre d'art, ce n'est que par hasard. Bien que les raisons psychologiques puissent avoir une influence décisive sur le sens et l'effet du remaniement, on ne peut pas prétendre avec certitude que le remaniement inspiré par de fortes motivations artistiques puisse aboutir à un résultat esthétique légitime. De même, on ne peut être certain qu'un remaniement sans motivations artistiques aboutisse à un résultat illégitime d'un point de vue artistique. Dans les deux cas le résultat artistique de l'entreprise créatrice dépend de la trempe de l'artiste.

Il n'existe pas une seule voie entre la motivation de départ et le remanient. Si le remaniement au départ ne prend qu'une seule voie, il se ramifie au cours du travail. Au côté de la première motivation, se développent une multitude de motivations secondaires qui peuvent l'égaler ou la dépasser. Dans les cas extrêmes, la motivation esthétique de départ peut ainsi dégénérer en motivation non esthétique (idéologique, par exemple). Une idée de remaniement sans motivation artistique peut, enrichie par des idées esthétiques, s'améliorer et entraîner les modifications artistiques prédominantes. Si l'idée d'un remaniement de l'œuvre mûrit longtemps dans l'esprit du poète, au moment où il aborde ce travail, les raisons motrices de ce remaniement peuvent être si complexes qu'il est beaucoup plus juste de ne pas les appeler *motivations*, mais *l'enchaînement de motivations*.

2. TYPOLOGIE DES PROCÉDÉS DE TRANSFORMATION

La complexité du remaniement de l'œuvre dépend de l'envergure et du type d'intervention. Les procédés sont conditionnés par les singularités de la structure et du genre de l'œuvre donnée.

Etant donné que les retouches (que les auteurs font d'une édition à une autre) n'atteignent pas la limite du niveau minimal de ce que l'on nomme version et que ces retouches ne modifient pas essentiellement les structures significatives et formelles de l'œuvre, les procédés de retouches ne seront pas pris en considération dans l'exposé qui suit.

Les procédés fondamentaux dans la création d'une version d'une œuvre poétique sont :

1. l'exclusion de parties de la structure de la création poétique ;
2. l'inclusion de parties dans la structure de la création poétique ;
3. la modification (la variation) ;
4. le procédé mixte (le procédé combiné) :
    a) (1 – 2) exclusion et inclusion ;
    b) (1 – 3) exclusion et variation ;
    c) (2 – 3) inclusion et variation ;
    d) (1 – 2 – 3) le procédé complexe (exclusion, inclusion et variation).

L'exclusion est un procédé fréquent, car il ne demande ni de temps ni d'autre effort que de comprendre que les parties exclues ne sont pas fonctionnelles. Mais le poète peut craindre que cette intervention ne soit pas justifiée.

Il n'est pas rare que le poète dans une nouvelle édition supprime une strophe, un chapitre ou un acte. De même il arrive que des unités d'une structure poétique soient écrites ultérieurement et soient incluses dans une œuvre. Le procédé d'inclusion suppose l'écriture de nouvelles unités structurales et se présente sous forme d'introduction et d'adjonction (à la fin de l'œuvre). On peut inclure ces unités à un seul endroit ou à plusieurs endroits à l'intérieur des structures existantes de l'œuvre poétique, sans porter atteinte d'une manière significative au texte existant de l'œuvre.

L'exclusion contribue à l'ouverture du sens et l'inclusion à la fermeture du sens de l'œuvre poétique. Lors de l'exclusion (procédé pur) on supprime les parties superflues d'une œuvre où le sens est trop explicite plutôt que les parties où le sens artistique est imparfaitement exprimé (bien que l'exclusion puisse être motivée par ce dernier phénomène seulement).

On « raccourcie » consciemment une œuvre, on la laisse « inachevée » en la laissant ouverte à une multitude de significations suggérées implicitement par le langage artistique. Par contre, par le procédé pur d'inclusion on tend à la motivation ultérieure de certaines structures existantes ouvertes à plusieurs significations. C'est ainsi que l'on arrondit, qu'on achève et qu'on ferme la structure de l'œuvre poétique aux significations indésirables (ou involontaires). Par les inclusions ultérieures le poète oriente le sens artistique et la compréhension de la poésie dans la direction qui est pour lui (au moment du remaniement) la plus acceptable. Par là même il supprime ou rend indirectement impossible les significations involontaires (contrefaites, indésirables et autres).

Par le procédé de variations on porte atteinte au texte existant de l'œuvre et on le modifie. C'est le processus le plus typique de la naissance d'une version, il comporte les procédés d'inclusion et d'exclusion. Au niveau des éléments constitutifs d'une unité structurale, ce procédé comprend l'exclusion partielle et le remplacement (la substitution) des éléments exclus du langage poétique par l'inclusion de nouveaux éléments. Les variations peuvent être de trois types : (1) la sélection et la sauvegarde des unités structurales acceptables, (2) la sélection et l'élimination des unités inacceptables (l'exclusion), (3) la sélection (des créations) et l'inclusion d'unités structurales et de solutions acceptables ajoutées. Les unités structurales exclues à un endroit, peuvent être gardées intactes et incluses à un autre endroit. Ce déplacement (combinaison des dispositions) constitue également une autre sorte de sélection : la sélection d'une nouvelle disposition modifiée. Au niveau de la sélection (au sens étroit du mot) on détermine les unités acceptables et inacceptables de l'œuvre poétique, alors qu'au niveau de la combinaison, on change leur disposition et leur rythme, c'est-à-dire leur contexte.[87]

Les procédés d'exclusion et d'inclusion (considérés indépendamment) touchent la composition des structures significatives et fonctionnelles. Ils se présentent, en règle générale, sous forme de modifications macroscopiques. Les variations peuvent cependant toucher toutes les structures et tous les éléments de l'œuvre poétique. Dans un procédé indépendant, elles se manifestent, dans la plupart des cas, dans une multitude de modifications microscopiques.

Dans le cadre d'un procédé mixte (combiné), le procédé le plus fréquent et (en principe) le plus complexe est celui dans lequel se succèdent et se croisent tous les procédés décrits.

En ce qui concerne le procédé où apparaissent parallèlement l'exclusion et l'inclusion, il faut séparer deux possibilités principales : (a) les parties exclues sont remplacées par de nouvelles, (b) les parties nouvellement écrites remplacent entièrement ou partiellement celles exclues.

Chez certains poètes, procéder par versions successives fait partie intégrante de leur pratique créatrice. Ce qui au début constituait in travail et un effort indésirables devient une habitude créatrice permanente lorsque l'on découvre les avantages de la réécriture.

Parmi les exemples envisagés, on distingue deux cas de naissance de versions. Les humoristes, par exemple, procèdent par version pour différentes raisons. Ainsi Branislav Nusic écrit trois dénouements parallèles de sa nouvelle, c'est-à-dire trois versions du conte.[88]

Le procédé populaire de construction par ajouts est aussi intéressant. Le chant progresse constamment en imitant son modèle de départ, en créant des versions de la situation initiale.[89]

---

[87] Voir le travail cité de Miroslav Cervenka.

[88] Branislav Nusic, « Feuillettes » (le sixième conte), Recueil des œuvres, *Jez*, Belgrade, 1966, XX, pp. 109-120.

[89] Vojislav Djuric, *La Lyrique*, Zavod za izdavanje udzbenika RSS, Belgrade, 1965, p. 280.

3. POSSIBILITÉ QUANTITATIVES DES MODIFICATIONS

Vu la complexité des procédés et les possibilités infinies de leurs manifestations, il est difficile de suivre avec certitude (sans risquer de se trouver dans une situation abstraite et schématique) les caractéristiques communes des procédés de remaniement d'une œuvre poétique. Pour vérifier et réaliser certaines prémisses, il faut descendre des sommets abstraits de la généralisation, et montrer à partir d'exemples réels ou expérimentaux (hypothétiques) les possibilités de la transformation d'une structure poétique. Les exemples tirés de versions de grandes œuvres ne conviennent pas en tant que modèles pour notre travail, car il est impossible d'embrasser la totalité des modifications, de comprendre qu'elles sont conditionnées par l'ensemble de l'œuvre et de comprendre leur fonction dans l'œuvre.

Ceci est possible à partir d'une petite chanson lyrique ou à partir d'un seul vers dont la signification est entière. Mais à partir d'une chanson lyrique on ne peut avec certitude généraliser que les aspects quantitatifs du remaniement.

Si l'on devait, par exemple, trouver les possibilités de variation dans un sonnet (une forme poétique fixe) et à cette occasion prendre le mot comme unité de modification et limiter chacun des mots à n'être remplacé qu'une seule fois par un mot déterminé (un synonyme), le nombre de dérivées ainsi obtenues pourrait monter à des millions (étant donné qu'un sonnet, en règle générale, compte plus de vingt mots), voire à des milliards (pour plus de trente mots dans une chanson). Si l'on prend comme mesure de modification un vers (14 dans un sonnet), alors il y aurait exactement 16 382 dérivées.

En procédant ainsi on ne prend pas en considération les dérivées obtenues par modification du contexte, c'est-à-dire en faisant varier la place des mots des vers ou des strophes de la chanson. Il y en aurait alors beaucoup, beaucoup plus.

Si l'on représente le sonnet de manière graphique (tableau 1, page 67) par un rectangle de 14 petits carrés (chaque vers étant représenté par un carré) et si parmi toutes les dérivées possibles, ayant le même nombre de vers modifiés, on en choisie une, on obtiendra 14 dérivées, partant de la première dans laquelle n'a été modifié qu'un seul vers, chacune des dérivées suivantes aura une modification de plus que la précédente. La dernière aura tous les vers modifiés. En supposant que chaque mot de chaque vers soit modifié, la dernière dérivée deviendrait une toute nouvelle création, formellement indépendante de la création originale. Mais comme il s'agit d'une dérivée synonymique, elle constitue tout de même une version du point de vue de la création originale et non une œuvre indépendante.

Les dérivées (tableau n°1)

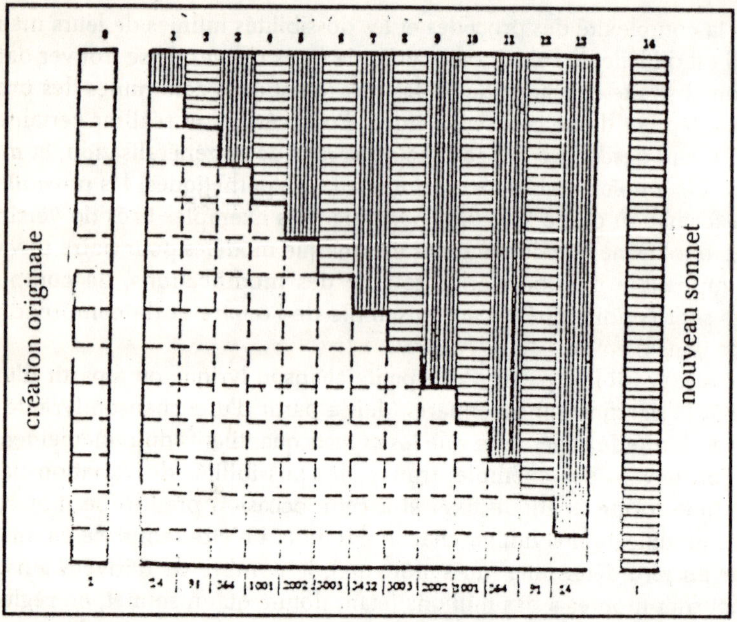

Les vers modifiés ont été hachurés. Les chiffres du dessus désignent le nombre de vers modifiés pour chacune des dérivées du sonnet, et ceux du dessous donnent le nombre de dérivées possibles (avec autant de vers modifiés).

Le même diagramme peut illustrer les dérivées d'une chanson de 14 mots (le nombre de vers et de strophes n'est pas important), chaque petit carré remplaçant un mot de la chanson. Sans compter les dérivées obtenues par le changement de la disposition de mots, on peut prévoir exactement le nombre de dérivées synonymiques possibles : 16 382 (avec un seul synonyme par mot). Etant donné que certains mots peuvent être remplacés par plus d'un synonyme (ce que l'on verra plus tard) et compte tenu du fait que dans la pratique créatrice les variantes de mots ne se créent pas seulement par le procédé synonymique, alors le nombre de possibilités est énormément plus grand et, dans certaines conditions, imprévisible.[90]

[90] Dans l'article mentionné, Miroslav Cervenka parle des possibilités de remplacement non synonymique et dit : « Il découle, naturellement, de l'art spécifique d'une œuvre littéraire que « la chose » nommée n'existe pas comme un ouvrage immobile en dehors de l'œuvre ; elle se forme seulement et toute seule avec l'évolution de l'énoncé. Lors des modifications du texte il ne s'agit donc pas de nommer la même chose d'une manière de plus en plus convenable, globale (ou

Il serait intéressant de voir le diagramme des dérivées représentatives (du point de vue quantitatif) de la détermination du degré d'expressivité de la version.

On obtiendra les formes minimales reconnues de la version dans la chanson donnée (de 14 mots) par la modification d'un seul mot, ou par la modification de tous les mots à l'exception d'un seul. (Les dérivées, au degré minimal d'expressivité, occupent la première et la treizième places du graphique, page 67). Dans le premier cas, la différence entre la dérivée et la création originale est minimale et, dans le deuxième cas, c'est leur ressemblance qui est minimale. Ce sont le premier et le dernier types de version, les cas limites de naissance et de disparition de la version situés au pôles mêmes de la création originale et de la nouvelle création. Entre ses cas limites se trouvent les dérivées ayant plus de caractéristiques de la forme reconnue de la version. Les quantités de caractéristiques augmentent lorsque l'on se rapproche d'un équilibre entre les éléments semblables à ceux de la création originale et les éléments qui en diffèrent. Le plus grand degré d'équilibre (entre ce qui appartient à la création originale et ce qui en diffère) est représenté par la septième dérivée du graphique. Sept mots y sont changés et sept y sont restés intacts. C'est le type de dérivée central : les six premiers types ont moins de mots changés et les six derniers types en ont plus. Ce type de dérivée a les caractéristiques maximales de la forme reconnue de version, ce qui est compréhensible si l'on raisonne à partir du point de vue quantitatif, car – comme il est déjà dit – l'évolution de l'essence poétique de l'œuvre ne doit pas être proportionnelle à ses transformations quantitatives.

Il est intéressant de souligner que le nombre possible de dérivées de ce type (aux caractéristiques maximales de version) est plus grand que le nombre possible de tout autre type de dérivées. Le nombre possible de dérivées aux caractéristiques minimales de version est le moins grand (14 en tout). Comme on peut le voir sous le graphique, les nombres correspondant à chacun des types de dérivées ont des valeurs symétriquement disposées par rapport au nombre des dérivées aux caractéristiques maximales de version – type central. (En fait, les nombres sont disposés selon la règle du triangle de Pascal pour les coefficients des binômes).

Si l'on part des dérivées aux caractéristiques maximales de version), vers la création originale et vers la nouvelle œuvre, en tant que pôles, alors en diminuant uniformément les modifications (les différences) on arrive à la création originale, et en les augmentant uniformément, à la nouvelle création. Dans les deux cas les caractéristiques de version diminuent, c'est-à-dire, – en termes mathématiques – tendent vers zéro.

---

inversement, impropre), (…), mais de la modification de la « chose » à laquelle nous avons pensé – il ne s'agit pas, naturellement, des ouvrages matériels, seuls… ».

La multitude des dérivées, même pour une chanson au nombre de mots relativement petit, montre combien il est difficile de procéder à l'examen global des caractéristiques essentielles de ce phénomène à partir du matériel concret, d'une structure poétique. Il est plus facile de suivre les cas les moins typiques : les dérivées aux caractéristiques minimales de version, pour la simple raison qu'elles sont moins nombreuses et que leur rapport avec la création originale est le plus simple. Ceci nous force à réduire l'analyse au niveau du proverbe ou du vers où l'on peut suivre les variations dans les limites acceptables. Supposons que le proverbe : « Toute peine mérite salaire » puisse être transformé, au moyen de dérivées synonymiques, en expression proverbiale « chaque travail demande récompense ». Si on remplace les mots de la création originale par les mots correspondants de la dérivée, il est facile d'arriver au nombre et à la formulation de toutes les autres dérivées par l'intermédiaire desquelles on pourrait évidemment présenter le processus de modification allant de la création originale jusqu'à la dérivée finale. On y arrive plus facilement et de manière évidente si l'on désigne chaque mot de la création originale et de la dérivée par un symbole et si on procède ensuite à toutes les combinaisons possibles de ces symboles (arrivant ainsi à des modèles généraux).

Si nous désignons les mots de la création originale par des minuscules (a, b, c, d) et les mots de la dérivées par des majuscules (E, F, G, H), on obtient les modèles suivants pour toutes les combinaisons, et les textes de dérivées correspondants :

0. abcd	Toute peine mérite salaire ;	15.
1. abcH	Toute peine mérite RÉCOMPENSE ;	14.
2. abGd	Toute peine DEMANDE salaire ;	13.
3. aFcd	Tout TRAVAIL mérite salaire ;	12.
4. Ebcd	CHAQUE peine mérite salaire ;	11.
5. abGH	Toute peine DEMANDE RÉCOMPENSE ;	10.
6. aFcH	Tout TRAVAIL mérite RÉCOMPENSE ;	9.
7. aFGd	Tout TRAVAIL DEMANDE salaire ;	8.
8. EbcH	CHAQUE peine mérite RÉCOMPENSE ;	7.
9. EbGd	CHAQUE peine DEMANDE salaire ;	6.
10. EFcd	CHAQUE TRAVAIL mérite salaire ;	5.
11. aFGH	Tout TRAVAIL DEMANDE RÉCOMPENSE ;	4.
12. EbGH	CHAQUE peine DEMANDE RÉCOMPENSE ;	3.
13. EFcH	CHAQUE TRAVAIL mérite RÉCOMPENSE ;	2.
14. EFGd	CHAQUE TRAVAIL DEMANDE salaire ;	1.
15. EFGH	CHAQUE TRAVAIL DEMANDE RÉCOMPENSE ;	0.

Le rapport entre le modifié et le non-modifié ainsi que leur répartition peuvent être présentés de manière plus claire au moyen du graphique ci-dessous (tableau 2, à la page 70).

Les dérivées

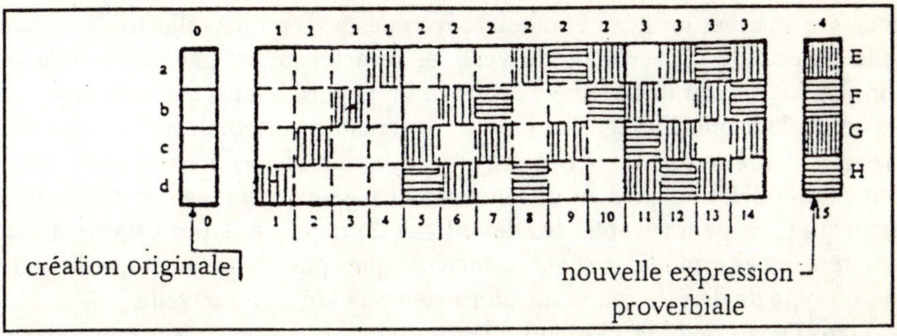

Les chiffres du dessus désignent le nombre de mots modifiés pour chacune des dérivées, et les nombres du dessous les nombres ordinaux de la dérivée. Les mots modifiés sont hachurés.

Par un changement progressif des mots de la création originale on obtient quatre types de dérivées. Partant des critères formels on pourrait dire que les dérivées du premier et du troisième types (celles dans lesquelles n'est changé qu'un seul mot, ou celles dans lesquelles un seul mot est resté inchangé) ont les caractéristiques minimales de la version. Les dérivées du deuxième type (où il y a autant de mots modifiés que de mots non modifiés) ont les caractéristiques maximales de la version. La dérivée finale du quatrième type (dans laquelle tous les mots sont changés) n'est plus une version de la création originale, mais une nouvelle création. Si les modifications n'étaient pas synonymiques, une telle délimitation serait acceptable. En effet, on devrait considérer la dérivée dans laquelle tous les mots sont changés comme une nouvelle création, car il ne s'agit pas d'une transformation partielle mais d'une transformation totale. Toutefois, dans le cas des dérivées synonymiques (que nous sommes en train d'analyser), la dérivée créée par un changement complet des mots de la création originale reste tout de même sa version : elle « a changé de robe », elle a pris une nouvelle forme d'expression, mais avec la volonté d'exprimer la même chose. Ainsi elle reste (du point de vue du sens) une version de la création originale. La dérivée synonymique finale est proche de la création originale d'après la structure des éléments formels (la syntaxe de la phrase, la catégorie et la forme des mots, etc.). Elle est une version latente de la création originale.

Les dérivées synonymiques, telles qu'elles ont été envisagées dans les examens mentionnés, sont à peine applicables dans la pratique créatrice.[91] Cependant, elles constituent des modèles très commodes (les seuls qui puissent ainsi être analysés jusqu'au bout) au moyen desquels on peut illustrer au niveau de la phrase (du proverbe ou du vers) les caractéristiques générales de la version. Le fait de voir des dérivées synonymiques garder leurs caractéristiques de version, alors que l'image lexicale de la création originale est entièrement changée, doit être considéré comme une exception : les dérivées synonymiques sont des modèles adaptés au maximum à l'usage expérimental. Partant de ces remarques, on peut accepter les définitions données des types de version aux caractéristiques minimales et aux caractéristiques maximales ainsi que la définition du type de dérivée qui se transforme en une création nouvelle.

Dans l'analyse du rapport entre le proverbe : « Toute peine mérite salaire » et l'expression proverbiale : « Chaque travail demande récompense », bien qu'on soit parti de l'hypothèse que le premier énoncé représente la création originale et le second la dérivée obtenue par imitation de la structure (forme, sens et disposition des éléments), il serait plus naturel de supposer qu'en réalité, le processus de dérivation génétique ait suivi le sens inverse.

Ainsi, la suite génétique mentionnée peut être considérée comme l'image hypothétique de la création du dit proverbe. Il est raisonnable de penser que, avant d'acquérir sa fermeté de structure actuelle, cette expression a pu dériver de nombreuses créations originales naissant et se croisant dans l'expérience de la création populaire et ce avec une orientation semblable du point de vue du sens et de la forme.

Au lieu du proverbe, on peut envisager le cas d'un vers, de sorte que le vers donné sera considéré comme une dérivée. A partir du modèle structural de ce vers, on peut dériver une suite hypothétique des créations originales l'ayant éventuellement précédé.[92]

Il est plus commode de prendre comme « dérivée » un vers court ou une expression courte mais ayant une signification entière, telle que « vieux mais allègre ». Avant de nous consacrer aux variantes de l'expression « vieux mais allègre », il faut dériver deux formules générales :
(1) une formule pour calculer le nombre des dérivées possibles, et
(2) un procédé général pour composer leurs combinaisons textuelles.

En règle générale, le nombre de combinaisons possibles est déterminé par deux éléments : le nombre de mots de l'expression et le nombre d'expressions

---

[91] Le poète en réalité ne cherche pas une expression proche d'une expression déjà trouvée, mais proche de l'expression idéale de sa vision poétique. Souvent il ne s'agit pas d'un synonyme de ce qui existe, cela peut même représenter son antonyme.

[92] Chaque dérivée du point de vue génétique constitue en même temps la création originale de celle qui la suit. Par conséquent, on peut considérer qu'un même vers ainsi « dérivé » a plusieurs créations de base.

initiales. Le nombre total des combinaisons possibles (dérivées synonymiques) est égal à la valeur numérale du degré dont la base représente le nombre d'expressions initiales, et l'exposant le nombre de mots dans l'expression.[93]

Si **x** représente le nombre d'expressions, et **v** le nombre de mots dans chacune des expressions (toutes les expressions ayant le même nombre de mots), la formule générale pour calculer le nombre des dérivées est $\mathbf{x}^{\mathbf{v}}$.

Pour ne pas omettre certaines combinaisons et pour les composer correctement, il faut inscrire chacune des dérivées synonymiques sous forme de formule avant de la rédiger, comme cela a été fait à la page 69. Pour cela il faut attribuer une lettre à chaque mot de l'expression. Ensuite on aligne horizontalement les lettres dans l'ordre où se trouvent les mots auxquels elles correspondent en respectant le sens vertical, l'ordre des expressions. Les lettres de la formule obtenue (des premières expression) se combinent de sorte que chaque lettre de la première verticale se combine à chacune des lettres de la deuxième verticale (le nombre des relations est égal au carré du nombre des horizontales, c'est-à-dire, au carré du nombre des expressions), et toutes les relations ainsi obtenues sont combinées aux lettres de la troisième verticale (le nombre de relations est à présent égal au nombre d'horizontales élevé au cube). On poursuit le procédé décrit jusqu'à la dernière verticale.[94]

Si le nombre de mots d'une expression est constant et si le nombre d'expressions données est variable, le nombre des combinaisons augmente de la même manière que le degré déterminé de la suite consécutive des nombres naturels. Si le nombre d'expressions est constant et le nombre de mots dans une expression variable, le nombre de combinaisons augmente (plus rapidement que dans la suite précédente) selon la progression géométrique. Il s'agit donc ici d'une suite de degrés ayant la même base et dont les exposants sont les nombres naturels consécutifs.

Si l'on procède à l'examen parallèle du nombre de combinaisons possibles de l'expression « vieux mais allègre » et du proverbe « Toute peine mérite salaire », on obtiendra en même temps le rapport (général) des suites de nombres de toutes les dérivées semblables possédant trois ou quatre mots. Dans les deux cas, le nombre de mots est constant, et le nombre de premières expressions synonymiques, de dérivées, avec lesquelles ils se combinent est variable (arbitraire). Le tableau montre qu'on obtient les degrés de deux suites de nombres naturels consécutifs élevés au cube dans le premier cas et élevés au quatrième degré dans le deuxième cas :

---

[93] Pour l'exemple donné tout à l'heure avec le proverbe, le nombre de toutes les combinaisons (y compris la création originale et la dérivée finale) serait égal au nombre deux au quatrième degré, c'est-à-dire, $2^4 = 16$.

[94] L'exemple d'une telle combinaison de signes est donné (à vrai dire un peu modifié) à la page 76 de ce travail.

Tableau n° 1

nombre de mots dans le vers	nombre de vers		1	2	3	4	5	6	7	8	9	10
3	nombre	degré	1^3	2^3	3^3	4^3	5^3	6^3	7^3	8^3	9^3	10^3
	de	nombre	1	8	27	64	125	216	343	512	729	1000
4	combi-	degré	1^4	2^4	3^4	4^4	5^4	6^4	7^4	8^4	9^4	10^4
	naisons	nombre	1	16	81	256	625	1296	2401	4096	6561	10000

Le tableau suivant (tableau n° 2, page 74) doit montrer que le nombre des combinaisons (synonymiques) dépend du nombre de mots dans la phrase, si l'on part d'un nombre constant de phrases (de vers).

Ce tableau peut également servir à déterminer toutes les dérivées (les versions) d'une chanson prise dans son ensemble. Si l'on pouvait écrire toute une chanson sur une seule ligne (en faire un « vers »), on pourrait la considérer, lors des calculs, comme un vers (long), c'est-à-dire comme une phrase avec un grand nombre de mots. On peut à partir du tableau n° 2 ci-joint lire directement (pour un petit nombre de mots), ou calculer par analogie, le nombre de toutes les dérivées (versions) d'une chanson.

La règle générale pour calculer le nombre de dérivées (de versions synonymiques) d'une chanson à partir d'un nombre constant de synonymes (pour chaque mot, y compris le mot initial) et un nombre variable de mots dans la chanson, est la suivante :

Le nombre de dérivées (synonymiques) d'une chanson est égal à la valeur numérale du degré dont la base est représentée par un nombre constant de synonymes (pour chaque mot) et l'exposant par le nombre de mots de la chanson.

Tableau n° 2

nombre de phrases	nombre de mots		1	2	3	4	5	6	7	8	9	10	11	12	13	14
2	nombre	degré	2^1	2^2	2^3	2^4	2^5	2^6	2^7	2^8	2^9	2^{10}	2^{11}	2^{12}	2^{13}	2^{14}
		nombre	2	4	8	16	32	64	128	256	512	1024	2048	4096	8192	16384
3	de	degré	3^1	3^2	3^3	3^4	3^5	3^6	3^7	3^8	3^9	3^{10}	3^{11}	3^{12}	3^{13}	3^{14}
		nombre	3	9	27	81	243	729	2187	6561	19683	59049	177147	531441	1594323	4782969
4	combi-	degré	4^1	4^2	4^3	4^4	4^5	4^6	4^7	4^8	4^9	4^{10}	4^{11}	4^{12}	4^{13}	4^{14}
	naisons	nombre	4	16	64	256	1024	4096	16384	65536	262144	1048576	4194304	16777216	67108864	268435456

Si le nombre de synonymes d'un mot (y compris le mot initial) est **x** et le nombre de tous les mots de la chanson est **v**, alors le nombre de dérivées d'une chanson (S) est donné par la formule :

$$S = x^v$$

Pour la chanson de Momcilo Nastasijevic « Les mots dans la pierre » IX qui a 21 mots, le nombre de dérivées synonymiques (types de versions aux caractéristiques maximales et aux caractéristiques minimales), si l'on prend un seul synonyme par mot, est : $S = 2^{21} = 2\ 097\ 152$.

Pour le sonnet de Ducic « L'écoute » qui compte 90 mots (titre y compris) on aurait, suivant le même procédé, $S = 2^{90}$ dérivées synonymiques. Il s'agit d'un nombre énorme avec 28 chiffres ![95] On pourrait le décrire de la manière suivante : c'est un nombre plus grand que celui qu'on obtiendrait par la disposition à un milliard de fois d'un milliard de milliards. On pourrait également imaginer ce nombre à partir du nombre de mille en le représentant par : dix fois dix à dix endroits. Il faut remarquer que dans de telles combinaisons où il existe deux synonymes, le nombre de combinaisons double si la chanson augmente d'un seul mot !

On pourrait penser que dans un si grand nombre de combinaisons de mots relativement peu nombreux, un grand nombre d'entre elles a une mauvaise structure et une mauvaise signification ou pas de signification du tout. Aucune n'a aucun sens. Mais si dans cette multitude on trouve des phrases au style douteux, cela ne diminue que de manière insignifiante le nombre de celles tout à fait correctes.

Pour illustrer ce que nous venons de dire, nous prendrons à présent trois expressions. A côté de l'expression « vieux mais allègre » nous ajouterons deux variations de forme et de sens. Ainsi on obtiendra trois expressions synonymiques et trois formules correspondantes :

abc 1. Vieux, mais allègre ;
mnp 2. Agé et dynamique ;
xyz 3. Octogénaire, pourtant alerte.

Nous obtiendrons 27 dérivées synonymiques (y compris les trois données).[96] Si l'on compose tout d'abord la formule de chacune d'entre elles, on arrivera facilement à leurs textes.

---

95 Le nombre 2^{90} peut être représenté par le produit 2^{30} X 2^{30} X 2^{30}, c'est-à-dire 1 073 741 824 X 1 073 741 824 X 1 073 741 824. On pourrait lire ce produit (à peu près) de cette manière : par la disposition à un milliard de fois d'un milliard de milliards. Ce nombre énorme s'élève à 1 237 940 039 285 380 274 899 124 224.

96 J'ai fais un programme informatique ayant pour tâche d'obtenir des dérivées synonymiques à partir de sept vers. L'ordinateur a écrit les 343 combinaisons (dérivées) possibles. Toutes avaient un sens. Mais à vrai dire aucune ne possédait le sens, la puissance et la beauté du vers du poète.

abc 1. Vieux, mais allègre ;
anc 2. Vieux et allègre ;
ayc 3. Vieux, pourtant allègre ;

---

abp 4. Vieux, mais dynamique ;
anp 5. Vieux et dynamique ;
ayp 6. Vieux, pourtant dynamique ;

---

abz 7. Vieux, mais alerte ;
anz 8. Vieux et alerte ;
ayz 9. Vieux, pourtant alerte ;

---

mbc 10. Agé, mais allègre ;
mnc 11. Agé et allègre ;
myc 12. Agé, pourtant allègre ;

---

mbp 13. Agé, mais dynamique ;
mnp 14. Agé et dynamique ;
myp 15. Agé, pourtant dynamique ;

---

mbz 16. Agé, mais alerte ;
mnz 17. Agé et alerte ;
myz 18. Agé, pourtant alerte ;

---

xbc 19. Octogénaire, mais allègre ;
xnc 20. Octogénaire et allègre ,
xyc 21. Octogénaire, pourtant allègre ;

---

xbp 22. Octogénaire, mais dynamique ;
xnp 23. Octogénaire et dynamique ;
xyp 24. Octogénaire, pourtant dynamique ;

---

xbz 25. Octogénaire, mais alerte ;
xnz 26. Octogénaire et alerte ;
xyz 27. Octogénaire, pourtant alerte.

Si dans l'acte créateur poétique, la composante rationnelle de création est la plus puissante, alors l'évolution possible de l'idée initiale du (poète) jusqu'à l'expression « Octogénaire, pourtant alerte » correspond à l'évolution des dérivées qui en se substituant l'une à l'autre, ont précédé cette expression. Cependant le poète ne crée pas ainsi et ne pense pas à découvrir de cette manière toutes les possibilités d'expression.

En répertoriant le nombre des combinaisons possibles, nous n'avons pas l'intention de recommander aux chercheurs (encore moins aux poètes) de découvrir et de sélectionner ces combinaisons (bien qu'on s'en occupe dans la poésie par ordinateur). Nous souhaitons simplement prendre connaissance des possibilités réelles du remaniement d'une création poétique.[97]

Pour un chercheur en poésie, ou pour un poète il n'est pas sans intérêt de savoir que l'on peut, par exemple, à partir de dix vers ayant trois mots chacun, obtenir un millier de variations différentes ayant un sens. Si ces dix vers ont quatre mots chacun, alors le nombre de vers dérivés est de dix mille ! Donc, à partir de dix phrases synonymiques (à quatre mots chacune) donc de 40 mots, on peut obtenir 10 000 phrases différentes !

Si l'on tient compte du fait que, dans la construction et le dénombrement de variations synonymiques, on n'a pas pris en considération les variations obtenues par le changement de place des mots dans le vers (la phrase), alors il devient clair que le nombre des combinaisons possibles est beaucoup plus grand que celui indiqué précédemment.

On peut obtenir la modification partielle du sens d'une phrase – sans remplacer les mots – en changeant la place des mots dans la phrase. On a remarqué depuis longtemps la faculté de la langue serbe à disposer assez librement les mots de la phrase. On procède ainsi au remaniement de la structure contextuelle d'une œuvre poétique. Si on peut dire qu'on procède à un échange synonymique et vertical des mots, alors on peut aussi dire qu'on procède à un changement horizontal lorsqu'on change la place des mots dans la phrase (le vers).

---

[97] Il y a plus de problèmes qu'on ne le pense en ce qui concerne la critique de la poésie. On pourrait à la place de l'adverbe de quantité « baucoup » donner avec assez de précision une image numérique des relations dans le phénomène étudié. Les résultats du mathématicien soviétique Kolmogorov le montrent.
Le poète, le philosophe et mathématicien Raymond Quéneau a écrit deux livres importants du point de vue de la théorie de la version d'une œuvre poétique : *Exercices de style* et *Cent mille milliards de poèmes*. Dans le premier il a donné 99 versions du même événement, c'est-à-dire 99 variations stylistiques de la même base (du même événement). Le second « constitue un mécanisme littéraire particulièrement compliqué : de dix sonnets, et il y en a autant dans le livre, il est possible de faire cent mille milliards de poèmes, en remplaçant chacun des vers d'un sonnet par les vers d'un autre, ou en remplaçant les groupes de vers d'un sonnet par des groupes de vers des autres – chacun des vers se trouve sur une bande de papier séparée, et l'on peut ouvrir et fermer le livre de toutes les manières possibles. » (*Exercices de style,* Nolit, Belgrade, 1964, pp. 123-124.)

Barac rappelle que Veber en 1848 soulignait que notre langue serbe parmi ses nombreuses facultés possédait l'avantage de disposer librement les mots de la phrase.[98] En disposant de 13 manière différentes les mots de la phrase « Videh jednu hrabru zenu (Je vis une femme courageuse) », Veber montre que chaque dérivée est correcte d'un point de vue logique et stylistique. En somme

---

[98] A. Barac, « Grandeur des petits » (*A côté de la prose de Matoš*) NZH, Zagreb, 1947, p. 147. Dans un essai intitulé « Sur la traduction de la poésie », comme inspiré par les réflexions de Veber sur les immenses possibilités de permutation de la langue serbe, Danilo Kis compose un poème entier selon un système de permutation de quatre mots. Le poème et son commentaire sont intéressants pour la théorie de la version :

« Les possibilités de traducteur, ou celles du poète, sont immenses, malgré toutes les limites que l'original lui impose. Prenons un exemple avec le verbe *passer* à la manière de Villon, d'Appolinaire, *passer* conçu à la manière poétique générale. Faisons ad hoc un poème, avec quatre unités (5 mots) :

REGARDE COMMENT LE TEMPS PASSE

regarde comment le temps passe
regarde comment passe le temps
regarde le temps comment passe
regarde le temps passe comment
regarde passe le temps comment
regarde passe comment le temps

comment le temps passe ? regarde !
comment le temps regarde passe
comment passe le temps, rgarde !
comment passe regarde le temps
comment regarde le temps passe
comment regarde passe le temps

le temps passe, rgarde comment
le temps passe comment regarde
le temps regarde comment passe
le temps regarde passe comment
le temps comment regarde passe
le temps comment passe regarde

passe le temps regarde comment
passe le temps comment regarde
passe regarde le temps comment
passe regarde comment le temps
passe comment regarde le temps
passe comment le temps regarde

(Même dans le texte original en serbe, de Danilo Kis, toutes les conbinaisons ne sont pas correctes.)

Les possibilités sont donc énormes. Beaucoup plus grandes que le nombre de possibilités montrées dans l'exemple susmentionné. Dans le langage mathématique, la factorielle de quatre mots est vingt quatre, de cinq mots 120, de dix mots – 3 628 800 ! Dans notre exemple n = 4, donc :

$n! = 1 \cdot 2 \cdot 3 \cdots n$

$4! = 1 \cdot 2 \cdot 3 \cdot 4 \cdot = 24.$

Dans l'exemple mentionné où le dernier vers termine (ferme) le poème (qui par lui-même pourrait représenter un jeu poétique), nous pouvons relever au moins quinze vers qui signifient « regarde comment le temps passe ». Mais le nombre de possibilités ne s'épuise pas ainsi. Si nous faisons des pauses et relions par exemple, selon le procédé d'enjambement, le quatrième et le cinquième vers de la première strophe, nous obtiendrons encore quelques possibilités. Cet exemple montre aussi les possibilités de recherche de nuances de sens et de son, de rythme et de rime. Cet exemple montre aussi qu'au moyen des synonymes il est possible d'atteindre un chiffre vertigineux correspondant à une infinité de possiblités. Le poète et le traducteur éprouvent le même sentiment de vertige devant ces possibilités de la langue.

L'idéal du traducteur et du poète est de choisir, parmi toutes les possibilités, la meilleure, la plus adéquate. » (Danilo Kis, *Poetika,* Delo, 1972, pp. 63-65.)

cette phrase peut être écrite, par permutation des mots, de 24 manières différentes, c'est-à-dire d'autant de manières différentes qu'il y a de permutations possibles. Au lieu d'écrire toutes ces phrases, nous noterons seulement ici leurs modèles. Si l'on désigne les quatre mots, suivant leur ordre dans la phrase, par abcd, on obtiendra la suite permutée suivante :

abcd	bacd	cabd	dabc
abdc	badc	cadb	dacb
acbd	bcad	cbad	dbac
acdb	bcda	cbda	dbca
adbc	bdac	cdab	dcab
adcb	bdca	cdba	dcba

Toutes les phrases ne peuvent pas avoir autant de possibilités de disposition des mots que la phrase en question. Ainsi pour le vers « Love, a ulovljeni (Ils chassent, bien qu'ils soient attrapés) », parmi les six possibilités de permutation, seules deux sont acceptables (celles dans lesquelles les conjonctions sont placées en fin de la phrase) et deux sont à peine acceptables (celles qui commencent par une conjonction).

Par conséquent, pour inclure dans le nombre global de variations, celles qui sont obtenues par changement horizontal, il faut après la composition des dérivées synonymiques procéder pour chacune d'entre elles – selon les possibilités théoriques – aux variations horizontales, puis additionner celles qui ont un sens.

En ce qui concerne le vers « Love, a ulovljeni (Ils chassent, bien qu'ils soient attrapés) », on peut calculer qu'avec deux dérivées synonymiques, il y a en tout 54 variations (si l'on accepte que chacune de 27 dérivées synonymiques obtenues ne peut être disposée que de deux manières).

Mais si on prend deux phrases dont toutes les dérivées théoriquement réalisables, et obtenues par permutation des mots, ont un sens, le nombre global de dérivées sera considérablement plus grand. Si à côté de la phrase : « Videh judnu hrabru zenu (Je vis une femme courageuse) » on écrit sa dérivée synonymique possible « Smotrih neku divnu damu (J'aperçus une dame admirable) », si on en compose ensuite toutes les combinaisons synonymiques ($2^4 = 16$) et si on procède à la permutation dans chacune des dérivées obtenue (on obtient à partir de chacune 24 nouvelles dérivées), on obtiendra 384 phrases (c'est-à-dire 16 x 24 = 384). A partir de deux phrases (8 mots) on peut composer 384 phrases par changements vertical et horizontal.

Ces recherches montrent qu'il est très difficile de suivre les aspects quantitatifs du remaniement dans les créations poétiques volumineuses (et dans celles moins importantes).

Lorsqu'il s'agit par exemple d'un roman, les aspects quantitatifs du remaniement ne peuvent être étudiés de manière approfondie qu'au niveau des unités structurales les plus importantes.

VI. VIE DES VERSIONS

Au moment de la publication de la version d'une œuvre déjà publiée, commence la vie parallèle de deux parents littéraires.[99] Bien qu'une version naisse du désir de l'auteur de bannir et d'annuler l'effet de l'ancienne création, la création originale – par son existence physique – remplit les étagères des bibliothèques et, malgré la volonté de l'auteur, offre dans une des « robes démodées » un langage artistique « immature ».

Le lecteur et le chercheur n'ont aucune raison de donner priorité au dernier produit (suivant les critères de l'auteur sur la valeur de l'œuvre), pas plus qu'à la première création, partant des critères « historiques ». Il s'agit d'après Tomasevski de faits littéraires autonomes comme de tout autre produit artistique achevé qu'il faut aborder sans préjugés, dans la mesure où la version a atteint, indubitablement, les caractéristiques minimales de la version. Même si, d'après la lecture objective et l'examen artistique des œuvres, on constate que l'une est considérablement meilleure, l'autre ne peut pas être supprimée. Elle possède certaines valeurs qui ont pris forme d'une autre manière, de manière singulière. Lorsqu'il s'agit d'œuvres de poètes importants, une version dite plus faible n'est pas une œuvre sans qualités artistiques, mais une œuvre aux qualités artistiques moindres. Exclure une telle œuvre reviendrait à détruire, au nom des meilleures œuvres, toutes celles qui n'atteignent pas leur qualité artistique.

Après tout, dans la version dite « meilleure » on peut rencontrer certaines parties moins réussies que dans la version dite « moins bonne ». Il arrive que l'auteur, faisant différentes concessions (à la censure ou à l'éditeur, par exemple), soit obligé de présenter certaines parties de l'œuvre d'une manière docile et sous une forme plus acceptable. Lorsque les raisons de tels compromis disparaissent, dans une nouvelle édition de la « meilleure » version il emprunte, pour les parties en question, les solutions de l'œuvre dite « moins bonne ».

Lorsque les deux versions ont un statut d'œuvre artistique, le droit d'existence des versions est non seulement justifié par leurs portées artistiques et par leurs singularités poétiques, mais aussi par l'effet artistique (réalisable seulement dans de tels cas) augmenté par leur influence commune en dehors des domaines leur appartenant en propre. Il s'agit ici d'un espace esthétique où se croisent, « se disputent » et se rencontrent dans un dialogue perpétuel les anciens et les nouveaux rayonnements. Les richesses poétiques dépassent le cadre

---

[99] Parfois il sont plus nombreux : Thomas Hardy a publié quatre versions différentes de *The Return of the Native* de 1878 à 1912. (James Thorpe, *op.cit.*, p. 476.)

des versions et dans les nœuds de conflits de leur dialogue nous surprenons l'essence poétique dénudée, difficilement reconnaissable dans les œuvres (les versions) considérées individuellement.

L'effet artistique associé ne diminue pas le droit individuel des versions d'être et de rester des faits littéraires autonomes, d'offrir et de défendre leurs valeurs. C'est justement une de leurs nouvelles qualités qui encourage les chercheurs et les critiques de la poésie à chercher de manière légitime – en dehors de l'autonomie étroite de la version – les points d'intersection de différents désirs artistiques où l'on acquiert un vécu plus net de la poésie même des versions.

Lors des éditions critiques d'œuvres de grands écrivains (Flaubert, Dickens, Gogol), on publie également des versions, non publiées de leur vivant, dont la valeur vient du fait qu'elles retracent l'histoire créatrice de l'œuvre publiée.

On peut trouver pour une même situation romanesque deux solutions artistiques aux statuts esthétiques égaux. C'est le cas des deux fins du roman de Dickens *Les grandes attentes.* Dickens a changé, sur des conseils extérieurs, le triste dénouement du roman pour une fin romantique (seule version publiée jusqu'en 1937).[100] Après la publication de la première version de la parti finale du roman, les lecteurs et la critique, selon leurs goûts et leur sensibilité, ont pris partie pour l'une ou pour l'autre des solutions artistiques.[101]

---

[100] James Thorpe, *op.cit.*, p. 475.

[101] Comme il a déjà été dit, Nusic a publié trois versions parallèles de la fin du conte *En feuillettes.* Cela fait partie intégrante de son intention humoristique. Le conte et sa construction servent le rire. C'est le résultat du travestissement des solutions narratives conventionnelles.

VII. CRITIQUE DE LA VERSION

1. IMPORTANCE DE L'ÉTUDE DE LA VERSION

Dans ce travail nous sommes partis de l'hypothèse que la version d'une création poétique est un phénomène plus régulier et plus général que prévu, étant donné le peu d'attention théorique qui lui est consacrée.

Si les prémisses que nous donnons ici sont soutenables, toutes les disciplines scientifiques liées à l'histoire et à la théorie de l'art poétique ont de sérieuses raisons de se consacrer d'une manière intense à la problématique de la version d'une création poétique. Les raisons sont les suivantes : (1) la version contribue grandement à la pratique poétique créatrice, (2) la version donne la priorité à la compréhension de l'art poétique et à la nécessité de lui attribuer un sens théorique, (3) il est nécessaire de donner un sens théorique aux différentes adaptations obtenues par le remaniement des œuvres poétiques (adaptations cinématographique, télévisuelle, radiophonique) et de les introduire dans la systématique des formes littéraires.

En outre, l'étude du phénomène de la version et surtout l'établissement d'une théorie de la version d'une œuvre poétique pourraient servir de lien interdisciplinaire entre la science de la littérature d'une part, et la théorie de la traduction, de l'information, de la communication et de la sémiotique d'autre part. L'établissement de cette théorie serait très utile à ces domaines scientifiques.

Ecrire des versions d'une œuvre poétique ne constitue pas une exception, mais une règle. Sont exceptionnelles seules les circonstances dans lesquelles l'artiste permet aux solutions provisoires de devenir un fait public. Encore plus exceptionnels sont les cas où le poète, par les remaniements fréquents des œuvres publiées remet publiquement en question (ou renie) les œuvres ayant déjà acquis une forme. Rares sont les œuvres poétiques (surtout celles plus complexes) qui n'aient pas subi dans un laboratoire poétique retouches et modifications, parachèvements et remaniements. Nous croyons de moins en moins en un démiurge romantique créant d'un seul trait une œuvre poétique. Nous sommes de plus en plus persuadés qu'une œuvre est écrite et remaniée durant des années, surtout s'il s'agit d'une œuvre importante et complexe.

Il est important, du point de vue esthétique mais aussi du point de vue de la théorie littéraire, que l'art poétique manifeste une hésitation formelle sur certaines lignes structurales de la version. Cela permet de voir les différentes possibilités formelles en concurrence. Les nouvelles approches de la version s'ouvrent à la critique, contribuant ainsi à la compréhension et à l'étude de la poésie en général et constituant un outil critique permettant de juger une œuvre rédigée en deux versions.

Etant donné que ce travail ne porte que sur les versions dites indubitables et notamment sur les versions des œuvres publiées, on pourrait croire que l'importance de l'étude théorique de ce phénomène s'épuise dans l'insistance à comprendre le processus créateur, dans le désir d'envisager du point de vue critique les œuvres écrites en versions. Cependant, si l'on prend en considération le domaine – à peine mentionné ici – des versions ne pouvant être reconnues en tant que telles qu'à certaines conditions et notamment le domaine des versions des arts non littéraires, alors l'importance de l'étude théorique des versions augmente de façon inespérée.

La théorie de la version pourrait avoir une importance pour l'histoire générale de l'art littéraire et surtout pour la théorie de la tradition et de l'évolution dans la science de la littérature.

La naissance d'une œuvre semble imiter (dans la version) certaines caractéristiques du développement historique de l'art littéraire. Nous sommes loin de penser qu'on puisse appliquer les lois génétiques au domaine de l'art littéraire et que l'évolution de l'individu imite celle de l'espèce. De même, nous sommes loin de croire que l'évolution de l'art littéraire dans son ensemble puisse se reproduire dans l'une de ses structures élémentaires. Cependant, dans l'évolution des créations humaines, et notamment de l'art littéraire, il existe une certaine continuité qui s'exprime par un équilibre raisonnable entre l'ancien et le nouveau. A certaines époques, la poussée du « nouveau » entraîne plus ou moins dramatiquement et dynamiquement la chute des accessoires poétiques existants (qui se sauvent en partie). Toutefois, malgré toutes ces infortunes et ces misères, certains points d'appuis morphologiques et significatifs de l'art poétique, certaines valeurs ou canons, se consolident et se constituent en constantes caractéristiques de la poésie. Ces constantes constituent un code et deviennent la base de la compréhension et de l'acceptation de la poésie.

Une telle hésitation formelle n'est-elle pas remarquable lors de la création de toute œuvre poétique individuelle ? Hésitation entre « l'ancien » et « le nouveau », le normatif et l'expérimental, l'individuel et l'original, le général et le traditionnel. On peut facilement suivre ces phénomènes dans la version, donc dans l'évolution de l'art d'une œuvre particulière. Cherchant à se dépasser elle change de forme, quitte en partie la réalité morphologique et significative de la création originale et renonce aux « anciennes nouveautés » ainsi qu'à l'ancienne perfection au nom de nouveautés renouvelées, au nom d'une perfection transcendantale.

On pourrait donc imaginer une histoire de l'art littéraire, basée sur l'étude des courants significatifs et morphologiques innovateurs, sur l'évaluation de la fréquence et de l'envergure du changement et du renouvellement des structures poétiques, sur la quantification de la part du nouveau dans l'existant, sur l'examen du changement dans le rapport et l'équilibre de ces derniers changements, sur la détermination de la « durée » et de l'épuisement des solutions poétiques, des coutumes, des normes.

Ainsi la théorie de la version s'approcherait du point de départ d'une poétique ouverte qui, tout en étudiant la naissance et l'évolution des formes poétiques réalisées, indiquerait les formes libres, les possibilités poétiques non réalisées. Dans le cadre de l'histoire de la poétique on étudierait et systématiserait les possibilités morphologiques de fabulation, de composition et de narration. Ainsi à titre d'exemple, partant de la triade, schéma de la structure de *Rupture* (œuvre de Lalic), on arriverait jusqu'aux triades de la *Comédie* de Dante. En sens inverse on pourrait suivre les versions d'une constante de structure chez Horace pour voir comment sont transposées les caractéristiques morphologiques de ses odes, c'est-à-dire pour voir comment est communiqué la perfection formelle des odes d'Horace (conçue suivant la symétrie trouvée dans le cristal, dans la perfection de la nature) par l'intermédiaire de la « symétrie » de Flaubert à *La Montagne gémissante* de Lalic, où l'architecture du roman est calquée sur la structure symétrique du cristal.

La théorie de la version permettrait d'ouvrir la voie à la découverte des propriétés morphologiques des œuvres poétiques, d'étudier et de systématiser ensuite les possibilités morphologiques réalisables de certaines structures poétiques, afin qu'on puisse, en comparant les possibilités réalisées et celles réalisables, obtenir une image approximative des possibilités non utilisées. L'histoire des formes poétiques, la pratique poétique future et la pratique poétique actuelle pourraient en bénéficier. Pour prendre entièrement connaissance de la nature et des résultats des activités humaines, il faut non seulement savoir ce que l'on fait et pourquoi on le fait, mais aussi ce que l'on ne fait pas, pourquoi on omet de le faire (ou pourquoi on ne peut le faire).

Deux autres domaines d'avenir de l'application de la théorie de la version d'une œuvre poétique font partie de la sphère interdisciplinaire.

L'adaptation littéraire, obtenue par le remaniement, pour les besoins du cinéma, de la télévision, de la radio et du théâtre appartiendrait au premier domaine d'application de la théorie de la version. Tout comme la théorie et la critique littéraires ne peuvent se passer de la poésie dramatique (bien qu'elle soit destinée au théâtre), elles ne peuvent se passer des différents remaniements des œuvres poétiques destinés aux arts non littéraires et aux autres activités d'esprit.

La théorie de la traduction, la théorie de l'information et de la communication ainsi que la sémiotique appartiennent au second domaine d'application de la théorie de la version. Dans ce domaine, on procède à d'intenses recherches sans s'appuyer naturellement sur une théorie de la version (inexistante). Le fait de pouvoir projeter une même donnée sémantique par les voies de différents systèmes sémiotiques, rend possible la traduction et la communication des informations, artistiques ou non, d'un système de signes dans un autre. C'est pourquoi il est de plus en plus important qu'un sens théorique soit donné aux conditions et aux conjonctures nécessaires à la transmission de messages littéraires en dehors de la science de la littérature et de la linguistique.

2. OPTIONS MÉTHODOLOGIQUES

Pour optimiser les avantages qui lui sont offerts par la spécificité d'une œuvre en version, la critique doit accommoder sa méthodologie à ce fait particulier.

Dans l'étude des versions d'une œuvre concrète, les décisions initiales sont d'une importance prépondérante : (1) choix d'un objet véritable, (2) découverte d'une analyse d'approche et (3) recherche d'un langage critique approprié.

On peut penser que l'objet d'analyses est ici clairement dégagé : il faut étudier la nature et le sens des différentes propriétés des deux variations d'un même vouloir littéraire. Cependant, avant de se prononcer, il faut prendre connaissance de l'œuvre, observer sans prendre position. Il faut voir s'il est fondé de rallier les faits des deux organismes littéraires séparés. Porte-t-on atteinte aux valeurs autonomes d'une œuvre, si l'on recherche dans une autre les traits caractéristiques et essentiels de la première ?

Lorsqu'on a évalué l'écart de parenté, le rapport mutuel, et que l'on a déterminé finalement le statut de l'objet de recherche, alors on doit choisir entre ce qui est identique dans les deux œuvres et ce qui diffère. Que faut-il, donc, chercher et analyser ? – ce qui est identique, les constantes, ou bien ce qui est mobile, instable, variable ? Faut-il souligner les éléments constants ou les courants et les caractéristiques de l'évolution ? En fait ce sont les deux aspects d'une même dynamique de l'existence de la même manifestation de base, il faut donc les considérer et les étudier en tant qu'unités inséparables même lorsqu'on se penche ponctuellement sur l'un des deux aspects.

Il est tentant, lorsqu'on choisit un objet de recherche, d'essayer d'analyser les unités structurales essentielles de l'œuvre et leurs facteurs les plus représentatifs, c'est-à-dire les éléments dans lesquels se reflète le plus fidèlement possible le sens artistique de l'ensemble. Cette réduction inévitable de l'objet de recherche risque de laisser hors du champs d'analyse certains faits clé de la structure poétique.

Mais lorsque nous pensons laisser au hasard le choix de l'objet et de la méthode de recherche, nous découvrons, au lieu du hasard, un critère subjectif : l'évidence s'impose au chercheur, l'évidence, c'est-à-dire ce qu'on comprend et résout avec efficacité, ce qui convient le mieux à la sensibilité du chercheur et ce qui éveille son intérêt intellectuel. Ce choix d'après affinité (affinité privilégiée) peut être fructueux bien qu'il soit privé d'objectivité suffisante.

On rencontre cependant des difficultés lorsqu'il faut choisir l'approche la plus propice, et il est difficile d'expliquer la nature de ces difficultés méthodologiques en quelques phrases. Nous ne soulignerons ici que l'aporie due à la part de subjectivité des recherches par ailleurs objectivement orientées. D'un point de vue plus général, cette aporie se présente sous forme de question, à savoir si la part de l'approche critique est justifiée dans l'approche théorique et scientifique. La dernière approche – théorique et scientifique – sous-entend la première et la contradiction n'est qu'apparente. Toutefois, bien que cela semble paradoxale, on ne peut pratiquement pas arriver à une image objective des valeurs poétiques, à une image artistique de l'œuvre sans la participation des forces créatrices et subjectives du critique.

Lorsqu'on aborde une œuvre poétique selon les principes d'un système reconnu dans la théorie littéraire et selon sa sensibilité, et ce dans le but d'identifier, de décrire, d'expliquer et éventuellement d'évaluer ses singularités artistiques, on voit alors s'interpénétrer et se compléter l'opinion subjective du critique et l'étude relativement objective de la signification des composantes artistiques de l'œuvre.

La critique se mue en science dans la mesure où elle parvient à trouver, aux singularités de l'œuvre poétique, une place et un sens dans le système théorique d'un phénomène littéraire donné.

Cet effort de la critique pour atteindre un certain niveau théorique – scientifique – se reflète aussi dans le langage critique. Il doit répondre aux exigences d'une double rigueur : flexibilité et richesse d'expression, d'une part, idées claires et conséquentes, d'autre part.

Dans la plupart des cas, des hésitations méthodologiques se manifestaient dans la pratique. Il nous faut maintenant exposer certaines prémisses stratégiques et méthodologiques tirées de l'expérience de la critique de la version.

Suivant la nature de l'œuvre, l'approche critique devrait être comparative et, d'une certaine manière, « structuraliste » : l'auteur de l'œuvre remaniée a eu ce type d'approche avant le critique qui a pour tâche de suivre la méthode créatrice du poète, de tracer le processus artistique afin de s'emparer des secrets de son art.

Le remaniement de l'œuvre poétique constitue, cela va sans dire, un acte critique. Un procédé renouvelé est un procédé critique. Le poète envisage de manière critique les différentes unités structurales ainsi que l'œuvre dans son ensemble. Suite à cet examen comparatif, si elle n'est pas conforme à son nouvel idéal esthétique, l'œuvre est remaniée. L'auteur décompose les unités structurales et les transforme suivant de nouveaux principes esthétiques. Il compose un organisme artistique renouvelé.

La version résulte d'un conflit critique entre le poète et son ancienne création. En choisissant de nouvelles « solutions », l'auteur remet indirectement les précédentes en question. Il ouvre ainsi la discussion sur la valeur de certains traits structuraux et sur la réussite artistique de l'œuvre dans son ensemble. L'œuvre poétique perd son invulnérabilité. La version naît d'un doute artistique et pose par là même la question de savoir si sa propre création est définitive. Etant donné que plusieurs voies mènent vers la perfection artistique, pourquoi le nombre de possibilités s'arrêterait-il à deux alternatives ? Voilà l'affirmation de la critique créatrice.

En achevant sa version, le poète a pris de nouvelles déterminations, il a procédé à un choix personnel. (Ce choix résulte d'une activité critique comparative). Pour le critique, la discussion avec l'œuvre vient de commencer. Le choix du critique constitue une activité comparative supplémentaire au cours de laquelle il va retracer le parcours du poète au travers des transformations créatrices. Une telle critique devient la critique d'une critique.

Le poète remanie d'un point de vue critique et recrée les structures de la création originale. La critique suit cette création-critique à deux niveaux : (1) elle suit la naissance de la dérivée à partir des structures de départ ; et (2) elle enregistre et commente les désaccords et les conflits entre les anciens traits structuraux et les nouveaux.

Retracer le procédé artistique du poète, cela veut dire, pour la critique, suivre l'activité « structuraliste » du poète, c'est-à-dire identifier et décrire les structures essentielles de l'œuvre, trouver les différentes propriétés de la création originale et de la dérivée et, par une analyse critique détaillée, réexaminer leur caractère fonctionnel et leur valeur. Ainsi, sans en avoir conscience, la critique même acquiert des propriétés structuralistes.

La position la plus efficace du critique face à une telle matière (où se dessinent clairement deux branches d'un vouloir créateur unique entre lesquelles existe un conflit perpétuel) est celle de la création active du sosie poétique, celle du coauteur dont la tâche est de soumettre à une analyse critique supplémentaire, en tant que deux possibilités égales en droits et orientées vers un même idéal esthétique, les deux versions d'une œuvre. Sa tâche consiste à poursuivre le dialogue créateur avec les deux versions (dans leur ensemble et à tous les niveaux structuraux avec les structures particulières de l'œuvre) et non à porter un jugement de valeur à partir d'impressions superficielles. Bien que l'on détermine, à partir de la description et de l'analyse comparative des structures poétiques, les propriétés singulières de chacune des œuvres, pourtant le procédé critique ne se limite pas, en règle générale, à l'établissement de cette image différentielle. Suite à l'examen détaillé des formes et de la signification des structures essentielles de l'œuvre, le critique est libre de se prononcer pour l'une des deux solutions offertes par les versions, ou de leur imposer une nouvelle possibilité (selon sa sensibilité et conformément à sa propre orientation créatrice). C'est là une position active face à l'objet de la critique. Il y a non seulement description passive des formes, analyse neutre des différentes propriétés, mais aussi choix de l'une des deux solutions offertes. Le commentaire du critique doit avoir une attitude rationnelle à l'égard du procédé littéraire : il doit préciser la fonction et le caractère fonctionnel de tous les éléments de la structure étudiée.

Le procédé critique, orienté de manière créatrice et active, sous-entend une position plus libre à l'égard de l'œuvre. Cette prise de liberté face à l'œuvre ne veut pas dire qu'on porte atteinte à son autonomie ni que l'on puisse abandonner son orientation fondamentale : il faut suivre le chemin créateur de l'auteur. Quand il s'agit de versions, on doit concevoir l'autonomie de l'œuvre de manière singulière. Dans la tâche fondamentale d'une telle entreprise, le critique doit passer d'une version à l'autre, c'est-à-dire sortir de temps en temps de la sphère de chacune des œuvres en question.

En donnant naissance au « jumeau » d'une œuvre poétique authentique, l'auteur trouble son indépendance ; il élargit le domaine de définition de son autonomie. Le champ de l'autonomie unique embrasse à présent les relations jumelées des deux membres et l'espace causale qui les lie et les entoure (y compris l'ensemble de facteurs, conformes ou non, qui marquent le chemin créateur d'une œuvre à l'autre).

Si le critique « sort » de l'une des versions – en gardant à l'esprit les modèles alternatifs accessoires –, il n'abandonne pas pour autant la sphère littéraire de l'œuvre. Ce traitement plus libre de l'œuvre permet justement de rester plus fidèle à l'auteur, à sa liberté de préférer un type de forme artistique (alternatif) à un autre. En abandonnant un système artistique achevé (son propre système artistique), l'auteur offre aussi au critique une certaine liberté. Le critique s'appuie sur toutes les possibilités alternatives et non seulement sur celles créées par le poète pour évaluer celles réalisées. Sortir du cadre étroit des solutions offertes ne constitue pas leur négation, mais la création d'un dialogue critique à partir de positions plus créatrices et plus larges. Il faut s'opposer à elles pour pouvoir y revenir avec plus d'arguments, les comprendre et les accepter si elles le méritent. Les possibilités idéales pressenties par l'auteur mais non entièrement réalisées – ou la possibilité pressentie par le critique au sujet des formes de certaines composantes structurales – apparaissent en tant que possibilités alternatives et hypothétiques. De telles « solutions » alternatives n'existent que sous forme de modèles comparatifs accessoires devant faciliter un dialogue actif avec l'art de l'œuvre. Même si ce dialogue montre que les alternatives « supplémentaires » sont moins bonnes que celles réalisées dans l'œuvre (ce qui est souvent le cas), elles se sont acquitté de leur tâche en rendant possible un tel dialogue, encourageant ainsi la critique créatrice.

Il n'y a donc pas de solutions définitives. – Aucune création n'est achevée : sa forme d'existence singulière n'est qu'une des possibilités innombrables dans le cadre desquelles elle peut exister en tant que création artistique.

En remaniant une œuvre, le poète reconnaît qu'elle peut être améliorée. Comme toute autre production humaine, une œuvre poétique est vulnérable. Elle ne peut pas se murer pour se protéger de la critique. Elle n'est ni éternelle, ni magnifique, ni unique et ne peut revendiquer une perfection dans toute sa structure. Une œuvre poétique est digne d'admiration, mais étant donné le niveau des valeurs de l'art auquel elle a l'audace d'appartenir, elle possède une certaine forme (relative) et occupe un certain niveau (relatif) de perfection. Si une création poétique ne constitue pas la perfection absolue continue et impénétrable, créée par le souffle invisible d'un démiurge, alors la critique n'accepte pas toujours, tel un sujet dévoué au pied d'une beauté – que l'œuvre possède en effet –, de garder la tête basse et de faire l'éloge de sa divinité. Cela ne veut pas dire que l'esprit critique doit être pédant et dubitatif ou d'une mesquinerie douteuse. Mais il faudrait permettre au critique et au chercheur (et cela est recommandable) d'user d'un doute méthodique qui constituerait une réserve créatrice lors du jugement des valeurs poétiques. Et ce en assurant une autonomie et une objectivité préliminaires.

L'esprit créateur du poète est éveillé de manière inégale sur les différents points de l'espace créateur. Ayant l'intention de garder la même intensité créatrice à tous les niveaux du travail, le poète « bâcle » quelquefois et laisse un nombre de choses assez importantes sur des lignes structurales collatérales. Un procédé remanié avec justesse permet de remarquer de telles faiblesses. Dans ces eaux peu profondes et transparentes se reflètent les imperfections de certaines parties de l'œuvre, mais aussi la perfection de certains passages privilégiée (pour l'auteur).

De cette manière, à partir de la dérivée, on découvre dans la création originale (selon le système de valeurs de l'auteur) ce qui est parfait, insuffisamment parfait ou imparfait ; ce qui est essentiel et ce qui ne l'est pas. Le système de valeurs artistiques du critique ne correspond, en règle générale, à aucune des phases (manifestées dans les versions) de l'évolution du système de valeur artistique du poète. Ainsi, dans la critique de la version trois points de vue sur les valeurs se trouvent en confrontation.

Dans le désir de pénétrer le monde intérieur de l'œuvre, de l'ouvrir, le critique s'appuie sur les passages dans lesquels, comme les remaniements le montrent, le poète hésite le plus quant aux valeurs poétiques de l'œuvre.

Cela ne signifie pas que le critique fouille minutieusement le terrain accidenté de l'œuvre. Cependant, il utilise ce procédé pour établir un dialogue avec la poésie de l'œuvre qui, en défendant ses valeurs, découvre son essence.

L'approche de la version d'une œuvre poétique ainsi conçue n'est pas fondée sur une esthétique négative dans laquelle on ne pourrait saisir et mesurer que des imperfections, bien que cette esthétique comprenne aussi le domaine des valeurs négatives possibles, ou du moins des valeurs remplaçables, temporaires (relatives).

L'existence des versions d'une œuvre poétique facilite la valorisation de la réussite artistique relative. Toute valorisation sous-entend une comparaison (au moins implicite). Un jugement de valeurs, formulé suite à une comparaison, ne peut être que relatif. Pour juger de la valeur d'une œuvre poétique, on peut la comparer soit avec un modèle qui existe réellement, soit avec un modèle imaginaire. Pour juger de la valeur d'une création poétique n'ayant qu'une seule forme publiée, le critique est obligé de la comparer, consciemment ou non, à un modèle idéal, c'est-à-dire un modèle réel et idéalisé qu'il s'est créé de par son expérience de lecteur, son instruction et les goûts à la mode, etc. Le critique doit donc comparer l'œuvre à un « modèle » artistique plus ou moins abstrait. La valorisation dans un tel cas (où un membre binaire de la relation de comparaison reste toujours caché, abstrait et inaccessible à l'analyse rationnelle) ne peut pas être vérifiée et, par conséquent, ne peut être considérée comme sûre.

On procède cependant à la valorisation d'une des deux versons de l'œuvre poétique à partir d'une étude comparée de leur réussite, c'est-à-dire à partir de données concrètes et vérifiables. Les deux unités de comparaisons sont des faits littéraires réels. L'une des deux versions, et ses unités structurales homologues, deviennent la mesure de l'autre. Une fois comparées, les unités structurales correspondantes, de la création originale et celles de la dérivée, restent interminablement en conflit et se disputent la valeur de l'œuvre.

Le choix du critique pour l'une des deux solutions artistiques peut donc être davantage vérifié et rendu plus acceptable d'un point de vue scientifique. Toutefois, à cette occasion, les modèles alternatifs du critique constituent un troisième point de comparaison qui reste en dehors du champ des faits littéraires concevables du point de vue rationnel (expérience du lecteur non articulée, en tant que trésor personnel dans le musée « imaginaire » du critique d'art poétique).

Eveillé dans l'imagination du critique par la confrontation des deux structures poétiques concurrentielles trouvées dans les versions de l'œuvre, le troisième membre de la relation de comparaison devient lui aussi un modèle hypothétique qui exerce une influence sur la faculté de jugement du critique et sur le résultat.

Ainsi établie, la valeur relative de la version d'une œuvre poétique aura, semble-t-il, une valeur plus objective, puisqu'elle part de mesures plus convaincantes. Par conséquent, on peut prétendre, avec plus de raison, qu'un jugement de valeur ainsi formé est acceptable.

*
**

Ici, point de jugements irrévocables en guise de conclusion : dans un travail qui ne prétend que procéder à une approche du phénomène, il ne peut y avoir de conclusions. Les versions existent et c'est un fait. Tout ce qui existe a une bonne raison d'exister. C'est à la science de juger, à partir de ses intérêts et de ses points de vue, si le sens de cet existence est justifié. Ce travail offre certains arguments en faveur d'un jugement positif. En principe il justifie la naissance des versions faites par l'auteur, si les remaniements ont un motif artistique. Il ne soutient pas les interventions extérieures dans l'organisme artistique de l'œuvre, même lorsqu'on parle des soi-disant erreurs ou des naïvetés des anciens poètes, au nom de la supériorité de nos connaissances et de notre esthétique actuelle. Quelle bêtise pourrait, par exemple, diriger la main qui changerait le ciel dans la *Comédie* de Dante, remplaçant le ciel de Ptolémée par celui de Copernic au nom de notre conscience scientifique actuelle. Le changement du ciel de Dante bouleverserait l'ambiance de sa poésie. Cet exposé se terminera par une question qui prête à discussion, à savoir la position des idées de cette étude même.

En considérant la version comme le résultat de l'aspiration de l'auteur à une perfection idéale plutôt que comme la conséquence d'une force brutale du remaniement nécessaire de certaines imperfections, ce travail justifie et respecte, en tant que besogne de haut niveau, la naissance des versions de l'auteur. Cette justification de la naissance des versions a un effet rétroactif qui peut toucher les prémisses mêmes de cet exposé : la pensée qui ne considère pas les œuvres humaines, pas même les œuvres artistiques, comme absolument parfaites et achevées, ne peut s'attendre ni avoir le droit de s'attendre à ce que l'on croit à sa perfection et à son achèvement définitif.

GLOSSAIRE*

COMBINAISON : (a) assemblage, composition ; une des dérivées possibles obtenue par le remplacement systématique des mots de la création originale et ayant un sens (V, 3) ;
(b) tout sous-ensemble ordonné d'un ensemble déterminé d'éléments différents (mots) sans tenir compte de la disposition mutuelle des éléments ordonnés du sous-ensemble (V, 3).
CRÉATION ORIGINALE : création de base à partir de laquelle est obtenu (par transformation partielle) une autre création (la dérivée) (II, 2).
DÉRIVÉE : (a) création globale (poétique, oratoire) obtenue par transformation de la création originale ; elle représente le plus souvent le nom d'une version aux caractéristiques insuffisantes ; variante (II, 2).
(b) dérivée de la dérivée (voir : version de la version) ;
(c) dérivée non synonymique – est obtenue par transformation de la création originale : transformation fondamentale de sa signification (V, 3) ;
(d) dérivée synonymique – obtenue par transformation et gardant la signification de la création originale (V, 3).
EXCLUSION : procédé d'exclusion (d'élimination) de parties de la création poétique dans le processus de remaniement.
INCLUSION : procédé d'inclusion (d'introduction) de parties dans la création poétique au cours du processus de remaniement (V, 2).
PARACHÈVEMENT : transformation d'une œuvre non publiée (voir : remaniement) (IV, 1).
PERMUTATION : quel que soit l'ordre des mots de la phrase, on obtient par la permutation un changement de la disposition des mots (V, 3).
RÉDACTION : synonyme de version chez les anciens théoriciens serbes et les auteurs russes (II, 1).
REMANIEMENT : transformation d'une œuvre publiée (voir : parachèvement). Processus créateur de versions (IV, 1).
RETOUCHE : petites modifications lexicales ou stylistiques ; amélioration de détails de l'œuvre. Processus créateur de variantes (IV, 1).
RÉVISION : (ici) modifications apportées par l'auteur à son œuvre (II, 1).
TRANSFORMATION : modification importante et essentielle de la structure de l'œuvre (IV, 1).
VARIABILITÉ : possibilité de modification ; singularité de la création poétique pouvant transformer ses unités en variantes (II, 1).

---

* Petit dictionnaire de termes proposés dans le présent livre portant sur les versions (indiquant les chapitres où se trouvent ces termes).

VARIANTE : « unité de la création poétique non-autonome et obtenue par remaniement ou emprunt partiel de singularités structurales de l'unité correspondante d'une autre création poétique » (II, 4).

VARIATION : (a) variante obtenue par remplacement systématique (combinatoire) et par la variation de la disposition de mots ; (b) transformation des structures élémentaires (le plus souvent stylistiques de la création poétique originale par élimination ou remplacement) (V, 2).

VERSION : (a) « création poétique globale obtenue par emprunt ou remaniement partiel de la structure d'une autre création poétique » (II, 3).

(b) Une version est embryonnaire lorsque la modification n'englobe qu'une unité élémentaire ou toutes les unités élémentaires sauf une de la création poétique (V, 3);

(c) une version possède les caractéristiques maximales de la version si les domaines modifiés et ceux non modifiés sont quantitativement égaux dans la structure de la dérivée (V, 3) ;

(d) une version possède les caractéristiques minimales de la version si sa forme est proche de la forme du cas embryonnaire (V, 3) ;

(e) une version de la version est obtenue par remaniement d'une version (second degré du remaniement) de la création originale (II, 3).

AN APPROACH TO THE THEORY OF VERSIONS OF THE LITERARY WORK

SUMMARY

The problem of versions in literature – as any other subject of scientific inquiry – suggests two possible approaches : (1) we can study the particular manifestatons of selected works in order to reach conclusions valid for our restricted field of inquiry, and (2) we may attempt to generalize our knowledge of the aspects and characteristics of particular phenomana in order to reach ordered conclusions of general validity.

The approach which considers selected and isolated phenomena is neither new nor infrequent in literary criticism, but the approach which poses the problem from a thoretical viewpoint has been neglected altogether.

A satisfactory general thory of versions can be put forward only if certain aesthetic, psychological and sociological questions – concerning the nature of the poetical work, the essence of the creative process, the technique of discovering, accepting and transferring the poetical work, the durability of the poetic work – are elucidated. However, a number of these questions have remained unanswered, inviting the critic to discussion. This explains why no general fundamented theory of versions exists and it also explains why the reader should not expect to find all the answers in the present study, which should be considered only as a first step towards a general theory of versions in litérature.

The present study proceeds to : identify the subject of inquiry and to analyze it. In the first part we determine and define the phenomenon per se and we identify and systematize its forms of manifestation. In the second part we gradually proceed to limit our field of inquiry to the phenomenon of versions in poetry. Next we determine three genetic phases of the phenomenon : « prehistorical », historical and existetial, and analyze (1) the generating and causal conditions, (2) the process wgereby versions are created end (3) their mode of existance and meaning. Finally, we give an outline of the most appropriate method for approaching, studying and evaluating the phenomenon.

The opening pages of the study deal with the ambiguity and imprecision of the existing terminology. The following terms, more or less consistently nuanced in meaning, refer to the same phenomenon : version, variant, edition, revision, etc. The key term is version ; it covers all the other terms which are more restricted in their meaning (variant, edition, revision).

A *version* of a poetical work is defined as a relatively complete poetical work which results from a partial transformation / transfer of the structure of some other poetical work. In defining these terms, we usually cosider that *variant* has the same meaning though it emphasizes elements of the structure which are secondary in terms of independence, relevance and scale. Variant refers rather to the morphological than to the semantical level of the work. It tends to emphasize the quantitative aspect of variability and the probability pattern rather than the nature and qualitative aspect of the stuctural transformation. Thus, in literary criticism variant stands for a relatively independent poetical unit resulting from the partial transformation / transfer of the structural elements of another corresponding work.

Edition refers to versions created by a different author, whereas revision emphasizes the process whereby a work is transformed, the creative activity of rewriting and improving a poetical work.

Versions of poetical works are merely one aspect of this phenomenon which is also to be found in non-artistic literature and in non-literary arts. From the genetic point of view, version always implies a relationship between two elements : the original and the derivative work. One of these elements – either the original or the derivative – may belong not only to a non-poetical, but also to a non-literary realm.

The sources and origins of a version constitute its *conditional* forms ; these may be divided into latent (embryonic) and manifest (transitional) forms. Latent forms imply every kind of reception (correspondance with a poetic tradition or with literary schools and techniques), incorporation of the author's own literary experience, interpretive criticism, reader's experience and various stylizations. Transitional forms imply paraphrase, parody, imitation and plagiarism. Versions in the strict sence may be : versions of a work in progress (polish ups), versions resulting from the rewriting of an already published work, versions resulting fron translation and adaptation (to other media : cinema, television, theatre, opera, ballet, radio, etc.).

In order to simplify our analysis, we follow the development of the version as a relationship between (one) cause and (one) effect, though both may in fact appear as a *series* of works wich spring one from another.

There are two techniques of derivation : by a partial destruction of the original or by a transfer of certain structural units of the original. Derivation, in the first case, implies destruction, while in the second case it becomes a form of regeneration. Since destruction is never complete, there always remains a creative model which may be conserved and transferred. Thus the whole process shows a positive tendency from this point of view ; *alteration* may be viewed as a *transfer* of unaltered units. Conditional versions, especially those of minimal distinctness imply a combination of two techniques – alteration and transfer.

Improvements are the most current forms of alteration in poetry : slight but invaluable improvements of the expressive apparatus or of details which are in no direct relationship with the central tenets of meaning and structure in the work. If these tenets are in some way affected, then we have the case of remodeling since the interventions involved give rise to versions of maximum distinctness.

Although the alteration of a concluded but unpublished work may in quantity and quality be the same as in the case of published works, the former is executed with a higher degree of creative freedom because the original formulation has not attained existential « security » by being published. Thus, the alteration of an unpublished work may be considered as a polish up. The legitimate object of criticism can only be a published work of poetry. A concluded but not yet published work cannot be considered « responsible » for any imperfections it may have hence any alteration may be viewed as a natural form of polishing up the work, that is, as a constructive element of the work's transformation into an art object.

The motives which prompt the rewriting of a published work result from an interaction of internal and external forms of compulsion. Such external factors may be readers – professionals (critics) and non-professionals – who either do not respond to the work or respond to and evaluate it inappropriately. Regardless of the form or degree of the difficulties in commuinication between author and reader – low level or absence of response, antagonism or an undesirable response whereby the reader attributes meanings the author never intended – the author experiences them as an attack on his personality. An author who is susceptible to the influence of audience response will make certain consessions by rewriting his work even when the response is unjust.

As the author distances himself from his work, he begins seeing it from a reader's view-point. This new perspective « from outside » reveals unintentional meanings he was not aware of and new levels of beauty and value in his intentional meanings. As author, he had to review alternatives from which he had to choose, but the discarded alternatives continue pressing him, demanding their lost « rights », pushing (rightly or wrongly) the chosen alternatives into the background. The author then enters into an internal conflict which gives rise to dilemmas, doubts and even a feeling of guilt and shame. All these function as internal factors of compulsion. In an effort to overcome the conflict, the author begins rewriting his work.

Since the external factors of compulsion are interiorized – every attack on a work affects the author – every form of psychological or creative reaction to external stimuli and compulsion becomes akin to a creative response and act in response to internal stimuli and compulsion.

Even when after the publishing of a work no such external / internal factors appear, there remains a possibility of their appearance later due to changed conditions. Time and changing conditions do influence man and the artist in him. The work may later be read from different aesthetic, moral or philisophical perspectives. This has the effect of perpetuating and multiplying the writer's drama even more when public response interacts with the evolution of the writer's own poetics and world view.

Many writers do not rewrite their published (« imperfect ») works even then. Since a published work cannot be destroyed, the poet may either renounce it or write a new work which may counteract or remove the imperfections of his former work.

During the process of rewriting, the poet's creative personality is exposed to the influence of both positive and negative factors, which were not present at the time the work was first written. Among the *positive* factors we have : the evolution of the author's skill and taste, a more objective insight into the work thanks to temporal and psychological distance, the incorporation of prepared artistic innovations, the possibility of discovering unforeseen creative possibilities. *Negative* effects may ensue from : an aversion to returning to a concluded work, the waning of creative inspiration and the predominance of the rational factor in the repeated creative process, anxiety about the result, the risk of removing or altering certain segments which may negatively affect the central structural units of the work, and finally, a limitation of creative freedom imposed by the weight of the previously moulded « material ».

Since many factors can stimulate or limit artistic output, the result of rewriting a work will depend on the writer's artistic talent and on the degree in which his motives are aesthetically determined.

The fundamental techniques which appear in the process of rewriting a work are the following :

1. Removal of whole structural units,
2. Interpolation of whole structural units,
3. Alteration, that is variation of new and old elements, and
4. Combined techniques :
   a) removal and interpolation,
   b) removal and variation,
   c) interpolation and variation,
   d) interpolation, removal and variation.

The last technique is the most complex and the most frequent.

It is difficult to follow and evaluate qualitative aspects of alteration. Quantitative aspects of alteration can be observed only in the shortest of poetical works : short lyrical poems, proverbs, maxims. Here we have attempted to determine the number of synonymic derivatives (every word is replaced by a synonym). If in a certain work we replace only one word or all words except one, we get two limiting cases of the *appearance* and *disappearance* of versions, that is, we get forms of minimum distinctness or embryonic versions. According to the same loigic, we would get a version of maximum distinctness by balancing (equalizing) the ratio of altered and unaltered elements in the poetic structure. This, of course, only holds true if we measure distinctness by quantity ; the degree of alteration of the essence of the work does not necessarily correspond to the degree of quantitative alteration.

There is no difficulty in calculating the sum of synonymic derivatives in a poem : it is given by the constant number (x) of substitutes (for every word) raised to the power (v), the number of words in the poem. Thus we have the following formula : $D = x^v$. If, for instance, there is one substitute for every word (counting the original word, the number of substitutes is two) and the number of words in the poem is 10, 20 or 90, then a poem consisting of ten words will have 2^{10} (1024) derivatives, a poem of twenty words would have 2^{20} (1 048 576) derivatives, and a poem of ninety words would have 2^{90} derivatives. The last number is enormous. Its aproximate value may be expressed in the following way : a billion times a billion billions (billion = 10^9). Thus, the number of combinations is practically endless and inexhaustible. One need not fear that all the possible linguistic combinations will ever be exhausted.

Since the number of possible derivatives (corresponding even to a very reduced number of original linguistic units) is practically infinite, it is hard for us to believe that the combinaton chosen by the poet is really the best of all. If there is just one alternative in this series which is superior to the one chosen by the poet, this means that the work is not perfect, unimprovable. This conclusion, however, questions the validity of the so-called theory of the unrepeatable poetic work. We may also affirm that rewriting is essentially an aesthetically positive act resulting from the poet's justified tendency to achieve the highest degree of perfection. Scientific and technical inventions of the human mind are never absolutely perfect ; absolute perfection is denied to poetic products as well.

The publishing of a new version marks the beginning of a joint life of two literary relatives. Even when the new version is superior, the inferior original will exist and offer, independently from its « better » twin, its own different though inferior artistic values. Despite the poet's wish to counteract (if he cannot annul) the effect of his first work, the latter will stand as a paralles and additional value. The two versions exist and act simultaneously creating a complementary aesthetic interspace in which they contest and interact in permanent dialogue, placing side by side old and new meanings.

The study of versions may be useful both to theoretical and practical criticism : (1) because of the relevant function of versions in creative practice, (2) because it can aid theoretical and practical insight into poetry, (3) because there is a need to study the process of *adaptation* of literary works to other media such as cinema, television, radio, theatre, etc., (4) because a theory of versions could functon as an interdisciplinary bridge between literary criticism and the theory of translaton, the theory of information and communication and semiotics. It may also be relevant for the general history of literary genres, traditions and evolution.

The appearance of versions may be considered rather as the rule than the excepton. Only conditions which permit temporary and transient versions to become publically acknowledged are exceptional. We have strong reasons to doubt that poetic works are created perfect, once and for all. We are more and more inclined to believe that it takes years for a work to be written and rewritten, especially when we consider complex and largescale works.

The fact that versions reveal the poetic act in a state of *formational hesitation* between rival alternatives is of great aesthetic relevance. Literary criticism should take this fact into consideration.

On the other hand, the rewriting of a work is in itself an act of criticism. The version results from a critical confrontation of the poet with his concluded work. By questioning the alternatives he has chosen, he begins doubting that any practical outcome can be definitive. Are there only two alternatives ? The work loses its shield of invulnerability. The author abandons the closed artistic system, he once more claims the right to *free choice*. But by doing so, he is in fact advocating the critic's freedom to confront every given solution with every other possible solution. Thus, the criticism of versions turns into a criticism of a criticism. A greater degree of freedom and creativity in approaching criticism will not violate the work's autonomy. In the case of versions, the intergral field of autonomy includes the relationship between twin elements and a causal interspace which joins and encompasses them, including the set of harmonious and disharmonious factors which pave the creative path from one work to another.

The critic's « departure » from one version indicates the presence of his (the critic's) secondary alternative models, which function as reference points for evaluating the chosen alternative. Thus, the critic breaks through the confined circle of proposed alternatives, not in order to negate them, but in order to place himself in a position which allows him to lead a critical dialogue with them, to criticize and maybe confirm them from other premises, to understand them better and evaluate them according to their objective merit. The critic's alternative versions function merely as secondary comparative models which enable a more active and stimulating dialogue with the artistic substance of the work.

There are no definite versions. No work of art is final. The given mode of existance of a poetic work is only one of the countless possible modes. The possibility of improving a poem is confirmed by the poet himself as he starts reworking it. This means a work of art can achieve only a relative degree of perfection. It is not the duty of criticism to stand, with its head bowed, at the foot of the work's beauty and invent eulogies of this diety. The critic must be able – for the sake of objectivity – to resort to methodical doubt as a manifestation of a critical spirit if he is to evaluate a work of art. The poet's creative spirit is not equally intense at all points of the creative « journey ». Since he tends to concentrate on central points of interest, he is apt to neglect elementary aspects of some subordinate structural lines. On repeating the « journey » these aspects may be noticed. in those transparent shallows we can easily observe the reflections of imperfections from other regions of the work, but also of the highest points of perfection. Thus, the study of versions enables a more reliable evaluation of the artistic qualities of a literary work, revealing those parts where poetic judgement has wavered. The poem's defence before the critical judge reveals its essence.

REMARQUE

Ce livre constitue la partie théorique parachevée d'une thèse de doctorat, rédigée sous la direction du professeur Dr Svetozar Petrovic.

Je suis vivement reconnaissant au professeur Petrovic pour le soutien qu'il m'a apporté et les précieux conseils qu'il m'a donnés.

Krinka Vidakovic, Mira Vukovic, Djordjije Vukovic, Marija Mitrovic, Cvijeta Jaksic i Dusan Kvapil m'ont traduit des textes et des données de littératures étrangères pour les besoins de cette étude. Je leur en suis très reconnaissant.

Je suis reconnaissant aux nombreux collègues pour l'analyse, l'interprétation et l'évaluation qu'ils ont faites de mon étude. Biljana Sljivic (Université d'Illinois, Chicago, Cercle, 1976), Dunja Filasevac (Université de Zagreb, 1976) et Reinhard Ibler (Université de Magdeburg, 1996) ont consacré une attention toute particulière à cette étude, m'obligeant ainsi infiniment. Le Professeur Ibler a donné non seulement une place honorable à mes conceptions théoriques, mais a approfondi de manière originale les pensées théoriques de cette problématique par ses idées sur *l'auto-intertextualité.*

Le Professeur Vera Roglic a traduit cette étude en français, en faisant preuve d'une grande énergie et d'une conscience scrupuleuse. Elle mérite tout mon respect et ma reconnaissance.

Cette étude n'aurait pas vu le jour en français sans la générosité du directeur de la maison d'édition L'Age d'Homme, Monsieur Vladimir Dimitrijevic, intermédiaire précieux entre la culture serbe et la culture francophone. Il mérite ma profonde gratitude et mon admiration pour d'autres raisons que l'édition de ce livre.

L'édition de cette étude en langue française ne diffère pas de l'édition originale en serbe (1975, exception faite de certains détails omis ou changés, car impossibles à transposer en français, étant donné les différences structurales entre les deux langues.

TABLE DES MATIERES

ACHEVÉ D'IMPRIMER
EN FÉVRIER 1998
SUR LES PRESSES DE
L'IMPRIMERIE DU LION
90700 CHATENOIS LES FORGES
DÉPOT LÉGAL : 1er TRIMESTRE 1998
N° d'imprimeur : E 8012924

IMPRIMÉ EN FRANCE